राजीव गाँधी

राजीव गाँधी
(स्पष्ट और दूरदर्शी व्यक्तित्व)

डॉ॰ रवीन्द्र कुमार

GYAN

ज्ञान पब्लिशिंग हाऊस
नई दिल्ली–110002

राजीव गाँधी (स्पष्ट और दूरदर्शी व्यक्तित्व)

ISBN: 81–212–0913–7

मूल्य : 360

भारत में सन् 2006 में प्रकाशित
ज्ञान पब्लिशिंग हाऊस
5, अंसारी रोड, दरियागंज, नई दिल्ली–110002
फोन : 23261060, 23282060, फैक्स : 91–011–23282060
ईमेल : books@gyanbooks.com
वेब साईट : http://www.gyanbooks.com

लेजर टाइपसेटिंग : मास्टर कम्प्यूटर्स, दिल्ली
मुद्रित : सालासर ऐमेजिंग सिस्टम, दिल्ली

भारतमाता
को
समर्पित

प्राक्कथन

स्व० राजीव गाँधी की स्मृति से जुड़े किसी भी कार्य से अपने को सम्बद्ध करना मेरे लिए प्रसन्नता और गर्व की बात है। मुझे याद है वह घटना जब पण्डित जवाहरलाल नेहरू की जन्म-शताब्दी से सम्बन्धित एक कार्यक्रम में भाग लेने के लिए तत्कालीन राष्ट्रपति श्री रामास्वामी वेंकटरमण इलाहाबाद आए थे। उसी कार्यक्रम में भागीदारी करने के लिए स्व० राजीव गाँधी और मैं भी पहुँचे थे। कार्यक्रमस्थल की ओर बढ़ते हुए सबसे आगे राष्ट्रपति थे, उनके पीछे स्व० राजीव गाँधी थे और फिर मैं था। अचानक राजीवजी की दृष्टि पीछे की ओर मुड़ी और उन्होंने मुझसे कहा, "आप आगे आइए श्रीमान्!" मैंने उत्तर दिया, "नहीं-नहीं, कोई बात नहीं है, आप चलिए।" लेकिन राजीव गाँधी नहीं माने। उन्होंने मुझे अपने से आगे करते हुए कहा :

"आप स्वाधीनता सेनानी हैं; आप मुझसे बड़े हैं, तथा विशेष अतिथि भी। मैं आपसे आगे चलने की बात सोच भी नहीं सकता हूँ।"

वे पूर्व प्रधानमंत्री थे; देश के सबसे बड़े राजनीतिक दल भारतीय राष्ट्रीय काँग्रेस के अध्यक्ष थे, और लोकसभा में विपक्ष के नेता भी थे। लेकिन अपनी स्थिति का कोई विचार न करते हुए जिस प्रकार मेरे प्रति उन्होंने सम्मान प्रकट किया, वह उनकी सौम्यता, उच्च गुणों व संस्कारों को सहज ही प्रकट करता था। मुझ पर राजीव गाँधी की इस बात का बहुत प्रभाव पड़ा और यह घटना जीवनभर मुझे याद रहेगी।

स्व० राजीव गाँधी ने लगभग पाँच वर्ष के अपने प्रधानमंत्रित्वकाल में देश की उन्नति के लिए कई स्मरणीय कार्य किए। अपने कार्यों एवं व्यवहारों से अल्पकालिक जीवन में भी उन्होंने अनेक के हृदयों पर गहरी छाप छोड़ी। राष्ट्रीय सद्भावना और विकास के लिए अथक प्रयास किए जिनसे बहुत कुछ सीखा जा सकता है।

मुझे प्रसन्नता है कि डॉ० रवीन्द्र कुमार जैसे प्रखर विद्वान एवं लेखक ने स्व० राजीव गाँधी के कार्यों और विचारों को केन्द्र में रखकर "राजीव गाँधी (स्पष्ट और दूरदर्शी व्यक्तित्व)" शीर्षक से सरल और ग्राह्य भाषा में यह पाण्डुलिपि तैयार की है। निःसन्देह, पुस्तक के रूप में प्रकाशित होने के बाद यह प्रेरणादायी सिद्ध होगी तथा राष्ट्रीय सद्भावना और विकास के लिए जूझने की दृढ़ेच्छा उत्पन्न करेगी।

अपनी बात...

'स्पष्टता', 'व्यापकता' और 'दूरदृष्टि' जैसे गुणों से युक्त राजीव गाँधी का व्यक्तित्व अल्पकाल में ही देश के सामाजिक, राजनीतिक और आर्थिक क्षेत्रों में गहन छाप छोड़ने में सक्षम रहा। इन्हीं गुणों के आधार पर राजीव ने भारत की सांस्कृतिक और बौद्धिक क्षमता का न केवल खुलासा किया, अपितु इसे एक आयाम प्रदान किया। यह वास्तव में उनका इतना बड़ा कार्य रहा है कि जिसके लिए आने वाली पीढ़ियाँ उनकी ऋणी रहेंगी तथा राजीव का नाम स्वतन्त्र भारत के इतिहास के सुनहरे पृष्ठों पर अंकित रहेगा।

स्वाधीन भारत के प्रथम प्रधानमंत्री पण्डित जवाहरलाल नेहरू आधुनिक भारत के निर्माता स्वीकारे जाते हैं। कृषि क्षेत्र में क्रान्ति की नींव उन्हीं के प्रधानमंत्रित्वकाल में रखी गयी तथा औद्योगिक विकास का प्रारम्भ उन्हीं के नेतृत्व में हुआ। जिस देश भारत के लोग दो समय पेट भर सकने योग्य खाद्यान्नों का उत्पादन करने में सक्षम नहीं थे और इस सम्बन्ध में जिन्हें दूसरे देशों की ओर देखना पड़ता था, वे अपनी लगन और परिश्रम के बल पर इस क्षेत्र में आत्मनिर्भर हो गए। यही नहीं, कई दूसरे देशों के भूखे मनुष्यों का पेट भरने में सक्षम भी बन गए। जिस देश में एक सुई का निर्माण भी नहीं होता था, इतनी छोटी-सी वस्तु भी आयात का विषय थी, उस देश भारत के लोग कुछ ही वर्षों में बड़े-बड़े उपकरणों, मशीनों एवं संयंत्रों के निर्माता बन गए। वे विज्ञान के क्षेत्र में एक के बाद दूसरी उपलब्धि प्राप्त कर संसार को

आश्चर्यचकित करने लगे। इतना ही नहीं 'समन्वय' और 'निर्पेक्षता' से युक्त वास्तविक भारतीय मार्ग के आधार पर स्थापित विदेश नीति के बल पर देश, एक नेतृत्वकर्ता के रूप में, अन्तर्राष्ट्रीय धरातल पर उभरा। यह भी अभूतपूर्व उपलब्धि थी; और यही कारण है कि पण्डित जवाहरलाल नेहरू का नेतृत्वकाल अपनी विशेष पहचान रखता है। वह लम्बे समय तक स्मरणीय रहेगा।

'हरित क्रान्ति', 'राष्ट्रीय सुरक्षा की सुदृढ़ता', जिसमें परमाणु क्षमता को प्राप्त करना भी सम्मिलित है तथा एक शक्तिशाली देश के रूप में भारत का उभरना, वे प्रमुख उपलब्धियाँ हैं, जो श्रीमती इन्दिरा गाँधी के नेतृत्व में प्राप्त हुई और जिनके लिए देशवासी उन्हें स्मरण रखेंगे। श्रीमती इन्दिरा गाँधी ने अन्तर्राष्ट्रीय राजनीति में भारत की प्रतिभागिता, संसार के सबसे बड़े लोकतन्त्र के रूप में देश के स्थान और विश्व से जुड़े विषयों में उसकी महत्ता का एक ओर स्वयं देशवासियों को ज्ञान कराया और दूसरी ओर दुनिया के राष्ट्रों को भी इसका अहसास कराया। अन्तर्राष्ट्रीय सहयोग, समझ और कूटनीति से इन्दिरा गाँधी ने भारत के स्तर को ऊँचा किया; कठिनाई के समय में, आपदा और विपत्तिकाल में धैर्य तथा सहनशीलता का आदर्श देशवासियों के समक्ष रखा। इसके लिए भी इन्दिरा गाँधी लम्बे समय तक स्मरणीय रहेंगी तथा अपने महान योगदान के लिए देशवासियों को प्रेरित करती रहेंगी।

राजीव गाँधी ने बहुत ही जटिल और गम्भीर परिस्थितियों में देश का नेतृत्व सँभाला था। निःसन्देह वे उस समय पण्डित जवाहरलाल नेहरू तथा श्रीमती इन्दिरा गाँधी की भाँति राजनीतिक अनुभव नहीं रखते थे। देश के कई राजनीतिक विश्लेषकों का यह मानना था कि अनुभव की कमी के कारण और साथ ही जटिल व गम्भीर परिस्थितियों में राजीव गाँधी कदाचित् हल्के पड़ जाएँगे। लेकिन कठिन परिश्रम, लगन

और शुद्धहृदयता से वे स्पष्ट और दूरदर्शी नेता के रूप में उभरे, उनकी सोच व्यापक और महात्मा गाँधी का अनुसरण करती हुई सामने आयी। पण्डित नेहरू के तीव्र विकास के स्वप्न को साकार करते हुए राजीव गाँधी दिन दूने और रात चौगुने आगे बढ़े तथा श्रीमती गाँधी की स्वाभिमान से युक्त विदेश-नीति को उन्होंने नए आयाम दिए। देश में सूचना प्रौद्योगिकी को विस्तार प्रदान करने तथा अनेक वैज्ञानिक, तकनीकी और संचार सम्बन्धी अभूतपूर्व उपलब्धियों को देश ने उन्हीं के नेतृत्व में प्राप्त किया। अपने दृढ़ निश्चय, कठिन परिश्रन, वैचारिक स्पष्टता, व्यापकता और दूरदर्शिता के लिए, जिसका परिणाम हमारे सामने है, राजीव गाँधी एक महानायक के रूप में स्मरण किए जाते रहेंगे।

(II)

वर्ष 1991 के प्रारम्भ की बात है। दिन और तिथि मुझे ठीक से याद नहीं है। मैं उस समय के देश के एक वरिष्ठ राजनेता के साथ स्व० राजीव गाँधी से मिला था। भेंट अखिल भारतीय काँग्रेस कमेटी के केन्द्रीय कार्यालय, 24 अकबर रोड, नई दिल्ली पर हुई थी और वह भी बिना किसी पूर्व निर्धारित कार्यक्रम के। चूँकि उक्त राजनेता राजीव गाँधी के अत्यधिक निकट थे और काँग्रेस के एक पदाधिकारी भी, इसलिए भेंट बहुत ही सहज रूप में हो गयी। 15 से 20 मिनट के मध्य की अवधि तक मैं राजीव गाँधी के सामने बैठा और इस दौरान जितनी भी बातें उन्होंने कीं, वे सभी मुझे याद हैं; विशेष रूप से इसलिए मेरी स्मरणशक्ति से वे सहज ही गायब नहीं होंगी, क्योंकि उनमें पूर्ण स्पष्टता थी, उनमें व्यापकता थी और वे सीधी अपील करने वाली थीं।

राजीव गाँधी के साथ वही मेरी प्रथम भेंट थी तथा वही अन्तिम भी। कुछ समय बाद मध्यावधि चुनाव घोषित हुए। चन्द्रशेखरजी की सरकार गिर चुकी थी। राजीव गाँधी ने काँग्रेस दल की ओर से मोर्चा सँभाला, एक के बाद दूसरी चुनावी सभा को सम्बोधित करने का उनका क्रम जारी था। राष्ट्र का दुर्भाग्य कि तमिलनाडू के श्रीपेरम्बदूर में मई, 1991 को वे भीषण दुर्घटना का शिकार हो गए।

देश के असंख्य नवयुवकों के प्रेरणास्रोत के अकस्मात् स्वर्गवासी हो जाने का मुझे भी बहुत दुःख हुआ। लेकिन मृत्यु अवश्यम्भावी है; व्यक्ति ही नहीं, प्राणिमात्र के जीवन की सत्यता मृत्यु है, मैं भी इस अटल सत्य से परिचित हूँ। साथ ही मैं यह भी जानता हूँ कि मृत्यु के उपरान्त जनहितार्थ किए गए अपने महान कर्मों के बल पर, भावी पीढ़ियों के लिए छोड़ी गयी अनुकरणीय विरासत के आधार पर तथा मानवीय मूल्यों की पुनर्स्थापना के कारण, नश्वर शरीर को छोड़ने के बाद भी जीवन की सार्थकता बनी रहती है। दूसरे शब्दों में, मानव जीवित रहता है। स्व० राजीव गाँधी के साथ ऐसा ही है। मेरी ही भाँति अनेक के हृदयों में वे आज भी जीवित हैं। वे निरन्तर सुकर्मों का सन्देश देते हैं।

राजीव गाँधी से भेंट के दिनों में एक सुविख्यात स्वाधीनता सेनानी और राष्ट्र-निर्माता के जीवन और कार्यों पर मैं लिख रहा था। इससे पूर्व भी मेरी कुछ पुस्तकें प्रकाशित हो चुकी थीं और मैं लेखन तथा सम्पादन कार्य से अपने को जोड़ चुका था। जिस स्पष्टता, वैचारिक व्यापकता, दूरदर्शिता और प्रगति के प्रति तीव्रेच्छा के दर्शन राजीव गाँधी से एक ही भेंट में मुझे हुए, उसने मुझे उसी समय उन पर लिखने को प्रेरित किया था। लेकिन अपने स्वभाव के विपरीत जाकर भी मैं

उन पर कार्य प्रारम्भ नहीं कर सका। परिस्थितियाँ इसके लिए उत्तरदायी रहीं। तो भी मैंने कोई अवसर ऐसा नहीं छोड़ा जब राजीव गाँधी पर साहित्य मेरी दृष्टि से गुजरा हो और मैंने उसे अपनी फाइल में न रखा हो।

चौदह वर्ष से अधिक की अवधि व्यतीत हो गयी। मेरे पास सैकड़ों पृष्ठ राजीव गाँधी के कार्यों तथा विचारों से सम्बन्धित साहित्य के रूप में एकत्रित हो गए। एक पुस्तक का निर्माण इस साहित्य से सम्भव बन गया। परिणामस्वरूप मेरी उस महान व्यक्तित्व को श्रद्धांजलि के रूप में "राजीव गाँधी : स्पष्ट और दूरदर्शी व्यक्तित्व" शीर्षक से यह पुस्तक तैयार है।

मुझे आशा है कि इस पुस्तक के माध्यम से राजीव गाँधी के विचारों और समाज, राष्ट्र तंथा विश्व के लिए किए जाने वाले कार्य व इसमें प्रत्येक के कर्तव्य एवं उत्तरदायित्व की न्यूनाधिक सीख मिल सकेगी। विशेष रूप से स्फूर्ति से भरपूर उन नवयुवकों को, जो कठिन परिश्रम करते हैं, लेकिन सामाजिक और सांस्कृतिक मूल्यों के वास्तविक परिचय के अभाव में अपने दृष्टिकोण को व्यापक नहीं बना पाते तथा इस प्रकार राष्ट्रीय क्षेत्र और मानव विश्व के लिए आपेक्षित योगदान नहीं कर पाते हैं, राजीव गाँधी के जीवन, कार्यों व विचारों से लाभान्वित होंगे।

यह पुस्तक राजीव गाँधी के जीवन, कार्यों अथवा विचारों का पूरा लेखा-जोखा नहीं है। न ही यह उनका जीवन-चरित्र है। आठ भागों में विभक्त यह पुस्तक उन विचारों पर आधारित है, जो स्थानीय, सामुदायिक, सामाजिक, राष्ट्रीय व अन्तर्राष्ट्रीय जगत के सम्बन्ध में

राजीव गाँधी ने व्यक्त किए और जिन्हें उन्होंने अपने कार्यों व व्यवहारों का केन्द्र बनाया। इसमें भी विशेष रूप में उल्लेखनीय है पुस्तक का प्रथम भाग, जिसमें अपने को तनावमुक्त रखने और एक स्फूर्ति से युक्त युवा के रूप में कार्य करने की प्रतिबद्धता को राजीव गाँधी ने प्रकट किया है।

पुस्तक के शेष सातों भागों में राजीव गाँधी की महात्मा गाँधी के विचारों के प्रति समर्पित भावना व भारत और सम्पूर्ण विश्व के लिए उनके द्वारा छोड़ी गयी विरासत, भारतीय मार्ग का खुलासा और इसका अनुसरण करने का आह्वान, महान भारतीय संस्कृति और इसके कल्याणकारी व धर्मनिर्पेक्ष स्वरूप के प्रति सम्पूर्ण आदर, शिक्षा तथा प्रगति में इसकी भूमिका, भारत में ग्रामों व कृषि का महत्त्व एवं तकनीकी की इनसे सम्बद्धता, श्रेष्ठ अन्तर्राष्ट्रीय व्यवस्था व विश्व-शान्ति की स्थापना के प्रति प्रतिबद्धता को जान व समझ सकते हैं। अन्तिम अर्थात आठवें भाग में कुछ अति महत्त्वपूर्ण एवं प्रासंगिक राष्ट्रीय-अन्तर्राष्ट्रीय मुद्दों पर उनके विचारों को सम्मिलित किया गया है।

मैं इस पुस्तक को तैयार करने हेतु निरन्तर प्रेरणा देने वाले अपने भ्राता श्री लखमेन्द्र खुराना के प्रति हार्दिक आभार व्यक्त करता हूँ। इसी के साथ-साथ मैं श्रीमती रंजना खुराना, श्रीमती कमलेश रवीन्द्र कुमार, श्री सचिन अरोरा, श्रीमती मेघा अरोरा, कुमारी ईशा खुराना, श्री अर्पित खुराना, कुमारी गार्गी खुराना, श्रीमती अंजु पँवार, श्री शरद अग्रवाल व श्री मृणाल खुराना का भी, किसी न किसी रूप में पुस्तक की तैयारी हेतु दिए गए सहयोग के लिए धन्यवाद करता हूँ। धन्यवाद का मेरा क्रम अधूरा रहेगा, यदि मैं छोटे भ्राता समान

श्री मनोज कुमार 'मनोज' को अपनी इस बात में स्मरण न रखूँ। पाण्डुलिपि को पढ़ने के साथ ही कई महत्त्वपूर्ण सुझाव भी प्रकाशन से पूर्व श्री मनोज ने मुझे दिए। मेरा हृदय से श्री मनोज को धन्यवाद।

रवीन्द्र कुमार

'कमलेश विला'

23–बी, लेन: 2, मानसरोवर

सिविल लाइन्स, मेरठ–25000। (उ० प्र०)

दूरभाष : 0121–264555।

अनुक्रम

	प्राक्कथन	**7**
	अपनी बात	**9**
1.	**स्वाभाविक पहलूः**	**(21–30)**
	(क) तनावमुक्त स्वभाव	23
	(ख) शान्ति और विकास के लिए तत्पर युवा	26
2.	**महात्मा गाँधी और उनकी विरासतः**	**(31–44)**
	(क) क्रान्तिकारी महात्मा	33
	(ख) गाँधीवादी अहिंसाः शान्ति का मार्ग	37
	(ग) महात्मा गाँधी, अहिंसा और विश्व-व्यवस्था	41
3.	**भारतीय मार्गः**	**(45–66)**
	(क) अध्यात्म-शक्तिपुंज भारत	47
	(ख) भारत का विश्वव्यापी दृष्टिकोण	51
	(ग) कर्तव्य ही मूलमंत्र	55
	(घ) सद्‌भाव बनाम व्यवस्था	59
	(ङ) समझौते एवं सहमति की राजनीति	63

4. धर्मनिर्पेक्षता और संस्कृतिः (67–84)

(क) धर्मनिर्पेक्षता का अभिप्राय 69

(ख) धर्मनिर्पेक्षता के चार सिद्धान्त 72

(ग) जन-एकता और धर्मनिर्पेक्षता 76

(घ) सांस्कृतिक संरक्षण और विकास 80

5. शिक्षा, एकता और प्रगतिः (85–100)

(क) शिक्षा और सामाजिक एकता 87

(ख) शिक्षा और शक्ति 92

(ग) शिक्षा और नवनिर्माण 97

6. ग्राम, कृषि और तकनीकीः (101–118)

(क) गरीबी उन्मूलन और तकनीकी 103

(ख) तकनीकी और कृषि विकास 108

(ग) विकास एवं पंचायतराज-व्यवस्था 113

7. अन्तर्राष्ट्रीय व्यवस्था और विश्व-शान्तिः (119–158)

(क) विश्व के समक्ष चुनौती 121

(ख) अस्तित्व के आधारः प्रतिष्ठा और स्वाधीनता 125

(ग) अन्तर्राष्ट्रीय व्यवस्था और संयुक्त उत्तरदायित्व 129

(घ) शक्ति-सन्तुलन बनाम शान्तिमय सहअस्तित्व 133

(ङ) अहिंसा आधारित विश्व-व्यवस्था 138

(च) जनतांत्रिक सोच और विश्व-शान्ति 141

(छ) समन्वयात्मक दृष्टिकोण पर आधारित विश्व 145

(ज) शान्ति की शर्त 150

(झ) संयुक्त राष्ट्रसंघ: वास्तविकता और अपेक्षा 154

8. विविध: (159–194)

(क) उन्नति की वास्तविकता 161

(ख) आत्मनिर्भरता एकमात्र रास्ता 165

(ग) एकता और विकास 168

(घ) नेतृत्व का उत्तरदायित्व 172

(ड.) प्रबन्धन का उत्तरदायित्व 176

(च) इक्कीसवीं शताब्दी 180

(छ) लोकतन्त्र और स्वतन्त्र प्रेस 184

(ज) स्वाधीनता के लिए लालायित सुब्रह्मण्यम भारती : एक प्रेरणा 187

(झ) महाराजा रणजीत सिंह की विरासत 191

9. जीवन सम्बन्धी घटनाक्रम (195-202)

बस हृदय में कामना थी, ज्ञान का आलोक हो,
शान्ति हो निर्मल धरा पर, पुण्य पावन लोक हो।
कौन-सी वह भावना जो छू सकी उस मान को,
याद रक्खेगा तुम्हारा देश, उस बलिदान को।।

—मनोज कुमार 'मनोज'

1

स्वाभाविक पहलू

(क)

तनावमुक्त स्वभाव

राजीव गाँधी से जब किसी ने प्रश्न किया था कि उसने यह सुना है कि वे अठारह घण्टे प्रतिदिन कार्य करते हैं, तो राजीव ने उत्तर देते हुए बताया था, "हाँ अठारह नहीं तो सतरह घण्टे निश्चित रूप से ही।"

फिर जब उसने उनसे जानना चाहा कि ऐसी स्थिति में वे तनावग्रस्त होते होंगे, तो राजीव गाँधी का उत्तर था, "मैं तनाव को हावी ही नहीं होने देता हूँ। मेरा स्वभाव ही ऐसा है। तनावमुक्त रहना मेरी प्रथम प्राथमिकता है।"

"लेकिन निरन्तर इतना कार्य करने से यह संभव कैसे हो सकता है? आप प्रयास करें, और तनाव हावी न हो, इसलिए इसे दृढ़-निश्चयी होकर मानसिकता का आवश्यक भाग बनाएँ, तब भी थकावट तो घेरती ही होगी। यह तो प्रकृति का नियम है। ऐसे में कैसे...?" प्रश्नकर्ता ने अपनी बात को आगे बढ़ाते हुए राजीव से पूछा।

राजीव गाँधी ने कहा, "आराम आवश्यक है, मैं इससे मना कहाँ

करता हूँ ? मैं भी जितना आवश्यक होता है, उतना विश्राम करने का प्रयास करता हूँ। लेकिन इतना बड़ा देश और ढेर सारे उत्तरदायित्व...। ऐसे में सतरह-अठारह घण्टे से भी कभी-कभी अधिक समय तक कार्य करना होता है। मैं ऐसा तनावमुक्त होकर करता हूँ, और जैसा कि मैंने कहा है, ऐसा मेरा स्वभाव बन गया है, लेकिन जानना चाहेंगे कैसे ?"

"जी श्रीमन्", प्रश्नकर्ता ने आश्चर्यपूर्वक उनकी ओर देखते हुए सहमति दी।

राजीव गाँधी बोले, "सकारात्मक सोच हो, जनमानस का कल्याण मस्तिष्क में प्राथमिकता से हो और कर्मों की स्वाभाविकता का सदा स्मरण रहे, तो न कोई तनाव रहेगा तथा न ही थकावट का अहसास होगा। मैं इसी नीति के अनुसार बरतता हूँ, फिर तनाव कैसा ?" ऐसे थे कर्मवीर राजीव गाँधी।

एक घण्टा दोपहर के भोजन के समय, कुछ समय रात्रिभोज के दौरान तथा कभी संयोगवश यदि संभव हुआ, तो प्रात:काल में वे अपने परिवार के

साथ रह पाते थे; अन्यथा सोने के 5 से 7 घण्टों को छोड़कर वे सदा ही कार्य में व्यस्त रहते थे। देश और देशवासियों के लिए जितना हो सके, उतना कर गुजरने की उनकी इच्छा थी।

सार्वजनिक जीवन में आने से पूर्व राजीव गाँधी के जीवन से सरोकार रखने वाले तथा उनके सम्बन्ध में जानने वालों को भली-भाँति ज्ञात है कि उनका अपने परिवार के साथ बहुत लगाव था। परिवार के प्रति कर्तव्य और उत्तरदायित्व उनकी प्राथमिकता रहती थी। वे एक पायलट भी थे और इस रूप में भी अपने दायित्वों का भली-भाँति निर्वहन करने में वे किसी से पीछे नहीं रहते थे; विशेष रूप में समय के प्रति सचेत रहना और अनुशासन का पालन करना उनके दो अनुकरणीय और ग्राह्य गुण रहे थे। लेकिन जब उन्होंने सार्वजनिक उत्तरदायित्व लिया, देश की जिम्मेदारी सँभाली, तो पूरा समाज और राष्ट्र उनका परिवार बन गया। ऐसी स्थिति में उनके कर्तव्य और उत्तरदायित्व का दायरा बहुत बड़ा हो गया।

"यद्यपि शान्ति की अवस्था तक पहुँचना स्वयं अपने आपमें एक चुनौती है, लेकिन तनाव को दूर करके शान्ति में रहना स्वयं अपने पर ही निर्भर करता है।"

अपने निजी परिवार को देश रूपी बड़े परिवार में समायोजित करते हुए उन्होंने इसीलिए अधिकाधिक सम्भव समय देश को दिया। यही कारण भी था कि वे देशकाल की परिस्थितियों में भारत के विकास को एक आयाम दे सके; उसे नई ऊँचाइयों पर वे ले जा सके। हमारे कर्णधारों तथा नेतृत्वकर्ताओं को इससे बहुत कुछ सीख लेने की आवश्यकता है। विशेष रूप से युवाओं को उनके द्वारा स्थापित आदर्शों को व्यवहार में लाने की नितान्त आवश्यकता है।

❖❖❖

(ख)

शान्ति और विकास के लिए तत्पर युवा

"आज की अशान्त स्थिति में, बढ़ती आवश्यकताओं के दौर में और पूर्व से अधिक प्रतिस्पर्धाओं के काल में प्रत्येक का ध्यान शान्ति की ओर जाता है; शान्ति किस तरह प्राप्त की जाए? हर कोई यह विचार करता है। विशेष रूप से हम युवा, न केवल भारत ही, अपितु सारे संसार के विकास के साथ ही कठिनाइयों व परेशानियों के अन्त और शान्ति की चाह रखते हैं। यह स्वाभाविक है क्योंकि हम युवाओं में स्फूर्ति, शक्ति और उत्साह होता है। इनके बल पर हम युवा विकास करने में सक्षम होते हैं तथा, यदि दिशा सही हो तो विकास के साथ-ही-साथ शान्ति को भी सुनिश्चित कर सकते हैं; इसमें कोई दो राय नहीं हो सकती हैं।"

सही दिशा क्या है? राजीव गाँधी प्राचीनकाल के भारतीय सन्देश को दोहराते हुए कहते हैं, "अपने से प्रारम्भ करके पूरे संसार की शान्ति के लिए कार्य करो और मित्रता का विकास करो, जैसा कि मैं स्वयं एक युवा के रूप में करने को तत्पर हूँ," इसी भावना के साथ कि "संसार में हर एक को

अपनी बात कहने का अधिकार हो। प्रत्येक को तर्क रखने, वार्तालाप करने और चर्चा करने की छूट हो।"

"क्या ऐसा संभव हो सकता है? क्या सभी को समान रूप से, व्यवहार में, ऐसा करने की छूट मिल सकती है?," राजीव गाँधी से जब यह पूछा गया, तो उन्होंने बिना कोई देरी किए उत्तर दिया:

"हाँ, ऐसा संभव है। जब संसार में समस्याओं के समाधान की व्यवस्था में पूर्वाग्रह न हो, और युवावर्ग ईमानदारी के साथ निर्पेक्ष भाव को

विकसित कर ले। ऐसा इसलिए, क्योंकि ये प्रजातन्त्र के दिन हैं। प्रजातन्त्र स्वयं अपने आप में एक आन्दोलन होता है और वह तभी समृद्ध हो सकता है, जब संसार से राज्यों-राष्ट्रों की सीमाएँ समाप्त हो जएँ। निर्पेक्ष भाव दुनिया को रंग, धर्म, जाति आदि के भेदभावों से ऊपर उठाकर निकटता व सहयोग प्रदान करता है और सीमाओं की दूरियाँ कम करता है। यहीं क्रम अन्ततः सीमाओं को समाप्त करने का हो सकता है, सहयोग व मित्रता को निरन्तर बढ़ा सकता है तथा विकास के साथ ही शान्ति का मार्ग प्रशस्त कर

सकता है। निश्चित रूप से क्षमतावान और लगनशील युवा इस कार्य में अहं भूमिका का निर्वाह कर सकते हैं।"

उक्त के सन्दर्भ में युवाओं के विशेष उत्तरदायित्व की बात करते हुए राजीव गाँधी ने कहा कि उनका प्रजातंत्र को अन्तर्राष्ट्रीय स्तर तक उठाने का दायित्व है, क्योंकि उनके सुदृढ़ मूल्य, वास्तविक परम्पराएँ एवं शिक्षाएँ

"सम्पूर्ण इतिहास साक्षी है कि भारत ने उन वाह्य विचारों के लिए भी अपने द्वार खुले रखे, जो चिन्तन में सहायक बने और विकास की गति के अनुकूल सिद्ध हुए। हमें आगे भी इस तरह के विचारों के लिए द्वार खुले रखने चाहिएँ। आवश्यकता इस बात की भी है कि हम अपनी व्यवस्था में विश्वास रखें; अपना निश्चय बनाए रखें और प्रत्येक अच्छाई के साथ समन्वय करने को तैयार रहें।"

उनका यही आह्वान करती हैं। भारत की गुटनिर्पेक्षता की नीति उन्हीं मूल्यों, परम्पराओं व शिक्षाओं का परिणाम है; वह शान्ति, प्रगति और सहयोग को, बिना किसी भेदभाव के समर्पित है। उन्हीं के शब्दों में:

"हम एक विशेष आदर्श को समर्पित हैं। समस्याओं के समाधान के लिए स्वतंत्रता हमारा मंत्र है। इसी के बल पर संसार निकट आ सकता है; और इसके लिए हमें प्रतिबद्ध होना ही होगा। इसके अतिरिक्त हमारे पास चारा ही क्या है?"

युवाओं के साथ ही विशेष रूप से स्वयं का आह्वान करते हुए राजीव गाँधी ने यहाँ तक भी कहा:

"देरी न करें। आइए! अपने को संलग्न करें तथा इस कार्य के लिए गुजर रही पीढ़ी के भरोसे न रहें। विचार करना हो, तो अभी करें, देरी न

करें। देशकाल की परिस्थितियों में सोचें, नया करना ही है, ऐसा दृढ़-निश्चय करें और कार्य में जुट जाएँ। लोग एक दूसरे को जानें, एक-दूसरे के साथ एकाकार करें और सीमाओं से आगे निकलकर विकास और शान्ति का मार्ग प्रशस्त करें। यह कार्य करना है; यही हमारा उत्तरदायित्व है।"

विश्व में शस्त्र-भण्डार हैं। विनाश के लिए रासायनिक हथियार और परमाणु बम हैं। अन्तर्राष्ट्रीय दबाव है। राष्ट्रों की अधिपत्य रखने की नीति

"ग्रामों के चहुँमुखी विकास के लिए भी युवावर्ग का उत्तरदायित्व है। युवाओं को महात्मा गाँधी के कथन, 'यदि ग्रामों का विनाश हुआ तो भारत स्वतः ही उजड़ जाएगा', सदा याद रखना चाहिए। युवा चाहे विज्ञान से जुड़े हों या कला के क्षेत्र से, चिकित्सा से या फिर तकनीकी से, अथवा किसी अन्य क्षेत्र से, सभी किसी-न-किसी रूप में ग्रामोद्धारार्थ काम कर सकते हैं, और उन्हें इसे कर्तव्य के रूप में करना ही चाहिए।"

है। ऐसे में युवावर्ग आगे बढ़ें भी तो क्या उसे आशातीत सफलता मिल सकेगी? राजीव गाँधी से एक युवा ने पूछा भी, "संसार शस्त्र-विहीन हो सकेगा, आप ऐसा मानते हैं?"

राजीव आशावान थे और उनमें उत्साह की कमी नहीं थी। इसीलिए उस नौजवान को उन्होंने बहुत ही अच्छा उत्तर देते हुए कहा:

"एक समय था जब उपनिवेशवाद और साम्राज्यवाद की समाप्ति की आशा ही की जाती थी। लेकिन क्या उपनिवेशवाद तथा साम्राज्यवाद अतीत का विषय नहीं हो गए हैं? एक समय नस्ल भेद को मिटाना स्वप्न के समान

था; और नस्लभेद की आड़ में जो अत्याचार व शोषण होता था, उससे छुटकारा पाना असंभव लगता था। लेकिन क्या नस्लभेद की वह स्थिति आज है? आज शस्त्रों की समाप्ति एक स्वप्न लगता है, लेकिन युवावर्ग संयुक्त रूप से, एक स्वर में तथा एक प्रतिबद्धता के साथ यदि इस दिशा में आगे बढ़ेगा तो यह कार्य भी संभव हो सकेगा।"

बात को आगे बढ़ाते हुए जननायक ने कहा:

"चाहे उपनिवेशवाद हो या साम्राज्यवाद, नस्लभेद हो अथवा इसी तरह का कोई और मुद्दा, जब दुनिया के बहुसंख्यक लोग इनकी समाप्ति के लिए संकल्प के साथ एकमत हुए, तो एक के बाद दूसरा मुद्दा काल के गाल में समाने लगा। ऐसी ही प्रतिबद्धता और संकल्प शस्त्रविहीन संसार के निर्माणार्थ चाहिए। 'मानवता का विकास, मूल मानवीय मूल्यों के आधार पर ही करना है', इस धारणा के साथ युवावर्ग एकमत हो, तो ही ऐसा होगा; शान्ति और विकास का स्वप्न साकर हो जाएगा।"

राजीव गाँधी ऐसे स्पष्ट दृष्टि वाले थे; वे दूरदृष्टि रखते थे और सकारात्मक सोच के साथ युवाओं का सच्चा प्रतिनिधित्व करते थे। भारत ही नहीं, पूरे विश्व के युवावर्ग के लिए वे आज भी आदर्श हैं।

❖❖❖

2
महात्मा गाँधी और उनकी विरासत

(क)

क्रान्तिकारी महात्मा

"महात्मा गाँधी को आप किस रूप में याद करते हैं?" जब राजीव गाँधी से एक बुद्धिजीवी ने यह जानना चाहा, तो उनका उत्तर था:

"एक क्रान्तिकारी के रूप में।"

"किस तरह के क्रान्तिकारी के रूप में?" बुद्धिजीवी महोदय ने आगे जब उनसे पूछा, तो वे बोले :

"एक अद्वितीय क्रान्तिकारी के रूप में; दूसरे शब्दों में, क्रान्तिकारियों में क्रान्तिकारी के रूप में।"

"आप कहते हैं अद्वितीय, और क्रान्तिकारियों में भी क्रान्तिकारी, क्या...?" अभी बुद्धिजीवी बोल ही रहे थे कि राजीव गाँधी उनके आगे के वक्तव्य को समझ गए और उन्होंने बिना किसी देरी और लाग-लपेट के कहा:

"वे स्वाधीनता के शाश्वत यात्री थे; भारतीय चेतना उनके भीतर थी। उन्होंने मूल्यों को नहीं छोड़ा; देश की परिस्थितियों के अनुसार और मूल्यों के अनुरूप करोड़ोंजन को सच्चा मार्गदर्शन देकर ध्येय की ओर बढ़ाया, इसीलिए वे क्रान्तिकारियों में अद्वितीय थे। हम सभी को ज्ञात है कि वे सत्य पर डटे रहे, अहिंसा उनका व उनके नेतृत्व में स्वतंत्रता प्राप्ति हेतु अग्रसर

"गाँधीजी ने हमें सिखाया कि शत्रुपक्ष को उसकी गलतियों का भान कराकर हम उसे अपने पक्ष में कर सकते हैं; उस पर विजय पा सकते हैं। गाँधीजी ने हमें बताया कि शुद्ध साधनों के बल पर ही हमें अपना श्रेष्ठ ध्येय प्राप्त हो सकता है। यदि हिंसा एक शासक के लिए बुरी है तो स्वराज्य प्राप्ति हेतु आन्दोलन में भी इसका प्रयोग उसी प्रकार बुरा है। हिंसा तो हिंसा ही है; अहिंसा, अहिंसा है और अहिंसा ही श्रेष्ठ साध्य का आधार है।"

लोगों का साधन रहा और जिस दृढ़ता से वे साधन से जुड़े रहे, उसने उन्हें क्रान्तिकारियों में भी क्रान्तिकारी के रूप में स्थापित कर दिया।"

आगे बढ़ते हुए राजीव गाँधी ने स्पष्ट किया:

"अत्याचारी की हिंसा का प्रतिकार उन्होंने हिंसा से नहीं किया। आत्मबल से अत्याचारी को गाँधीजी ने परिवर्तित किया। अपने को भय और घृणा से उन्होंने मुक्त किया। इतिहास के महानतम शान्ति-आन्दोलन को, जिसमें आमजन की भागीदारी थी, उन्होंने नेतृत्व दिया। उनके मानवता से भरे सन्देश से प्रेरित होकर करोड़ों भारतीय, उच्च मूल्यों व गौरवपूर्ण विरासत से पूर्ण एकाकार करते हुए उठ खड़े हुए; महानता के आदर्शों की पुनर्स्थापना उन्होंने गाँधीजी के नेतृत्व में की, इसलिए वे अपने ही ढंग के क्रान्तिकारी थे...।"

"क्या महात्मा गाँधी की क्रान्ति ब्रिटिश साम्राज्यवाद से राजनीतिक...स्वाधीनता प्राप्त करने तक ही थी?" जब सामने बैठे बुद्धिजीवी ने राजीव से जानना चाहा, तो पहले से भी अधिक सचेत लेकिन दृढ़ व दार्शनिक मुद्रा में उन्होंने उत्तर दिया:

"गाँधीजी की क्रान्ति केवल यहीं तक कैसे सीमित रह सकती थी? जब भारत की स्वाधीनता के आन्दोलन से वे जुड़े[1] उसी समय से राष्ट्रीय क्रान्ति के सम्बन्ध में वे स्पष्ट थे।[2] वे भारतीय समाज का पूर्णतः पुनर्निर्माण करना चाहते थे और इससे कम में उनकी क्रान्ति अधूरी थी।

"केवल कार्य ही व्यक्ति के चरित्र का पूर्णतः निर्माण करने हेतु पर्याप्त नहीं है। जो ऐसा मानते हैं, वे वैचारिक अपरिपक्वता का परिचय देते हैं। व्यक्ति के चहुँमुखी विकास के लिए शारीरिक व्यायाम के अतिरिक्त नैतिकता, सदाचार और मूल्यों पर अनुसरण भी आवश्यक है।"

स्वतंत्रता आन्दोलन के प्रथम पड़ाव में ही, चाहे चम्पारण के किसानों से जुड़ा घटना-क्रम हो[3] अथवा अहमदाबाद के मिल मालिकों व श्रमिकों के मध्य विवाद[4] की बात हो, गाँधीजी समाजोत्थान को स्वाधीनता का आवश्यक अंग मानकर चले; इससे जुड़े समस्त पहलुओं पर वे देशवासियों का बराबर एवं निरन्तर मार्गदर्शन करते रहे। इस दिशा में वे कार्य भी करते रहे। यहाँ यह विशेष रूप से समझने की बात है कि ग्रामीण भारत उनकी क्रान्ति के केन्द्र में था; देश की आत्मा को उन्होंने गरीब ग्रामीणों में,

हरिजनों, महिलाओं तथा किसानों में देखा था।"

राजीव गाँधी को देश की वास्तविक उन्नति, जो क्रान्तिकारी महात्मा गाँधी का स्वप्न थी, के बारे में स्पष्टता थी और अपने

"गाँधीजी का कहना कि 'हिंसा का उत्तर हिंसा से नहीं दिया जा सकता, केवल अहिंसा से ही हिंसा का प्रतिकार हो सकता है,' हमारे लिए वरदान स्वरूप है।"

प्रधानमंत्रित्वकाल में ग्रामों के उत्थानार्थ जो विभिन्न योजनाएँ तथा कार्यक्रम उन्होंने बनाए व लागू किए वह उसी का परिणाम थे; आने वाले कर्ता-धर्ताओं के लिए मार्गदर्शक तत्त्व थे, और आज भी हैं।

❖❖❖

1. वर्ष 1916 ई॰ में दक्षिण अफ्रीका से स्वदेश लौटकर।
2. राजनीतिक स्वतंत्रता के साथ ही सामाजिक, आर्थिक और सांस्कृतिक क्षेत्रों में क्रान्तिकारी परिवर्तनों सहित।
3. वर्ष 1917-18 ई॰ में गाँधीजी ने चम्पारण के किसानों के लिए संघर्ष किया था और इस घटनाक्रम ने उन्हें महात्मा के रूप में स्थापित किया था।
4. विवाद की समाप्ति के लिए गाँधीजी ने मध्यस्थता की और 'ट्रस्टीशिप सिद्धान्त' के अनुसार मिल मालिकों का आह्वान किया।

(ख)

गाँधीवादी अहिंसा: शान्ति का मार्ग

राजीव गाँधी जिस अवधि में भारत का नेतृत्व कर रहे थे, उस दौरान विश्व के अनेक देश परमाणु क्षमता प्राप्त कर रहे थे। परमाणु क्षमता अब पाँच या आठ देशों की ही बपौती नहीं रह गयी थी। निश्चित रूप से सभी शान्तिप्रिय लोगों के लिए यह चिन्ता का विषय था। वे लोग जो सर्वप्रथम परमाणु बम के प्रयोग के दिन से ही चिन्तित रहे थे, इस तरह के प्रसार से दुखी भी थे। विशेष रूप से गैर-जिम्मेदार समझे जाने वाले और शंकास्पद देशों के पास परमाणु क्षमता का होना चिन्ता के साथ ही गम्भीर विषय भी था।

स्वयं राजीव गाँधी ने उस वैचारिक विरासत का दामन थामा था, जिसे बीसवीं शताब्दी के महानतम शान्तिदूत और अहिंसा के प्रवर्तक महात्मा गाँधी ने स्थापित किया था। उनके नाना पण्डित जवाहरलाल नेहरू के नेतृत्व में स्वाधीनता के बाद देश के खास और आम सभी ने उसे शान्ति सम्बन्धी भारतीय दृष्टिकोण के रूप में अंगीकार किया था। इस दृष्टिकोण में अन्त तक शान्तिमय उपायों को अपनाने का आह्वान है; लेकिन दुर्बलता

और विवशता को इसमें कोई स्थान नहीं है। साथ ही भारत का शान्ति सम्बन्धी दृष्टिकोण हर क्षेत्र के विकास का आह्वान करता है; न केवल सामाजिक और आर्थिक, सांस्कृतिक एवं बौद्धिक, राजनीतिक व धार्मिक,

अपितु विज्ञान और तकनीकी, जिसमें परमाणु-शक्ति का विकास भी सम्मिलित है, भारतीय दृष्टिकोण में उच्चतम स्थान पर है। परन्तु यह विकास जनहितार्थ होना चाहिए; समष्टि का कल्याण इसके मूल में रहना चाहिए। एकाधिकार स्थापित करने की भावना अथवा निजी हितों को पूरा करने की इच्छा इसमें नहीं होनी चाहिए।

"हमें शुरुआत करनी है, लेकिन इस दिशा में हमारे सामने जो चुनौती है वह यह कि टुकड़ों में बँटी शक्ति, सहानुभूति व समझ को किस प्रकार मानव के एक भाग से ऊपर ले जाकर सारी मानवता के प्रति समर्पित किया जाए।"

इसीलिए राजीव गाँधी ने दृढ़तापूर्वक महात्मा गाँधी द्वारा देशकाल की परिस्थितियों में परिमार्जित करके प्रस्तुत किए गए शान्ति सम्बन्धी दृष्टिकोण का दुनिया भर में खुलासा किया। एक नहीं अपितु अनेक बार

उन्होंने स्पष्ट किया :

"हमें सर्वप्रथम महात्मा गाँधी के बताए अहिंसा के रास्ते की ओर ही देखना है। इसके माध्यम से उन्होंने जो सिखाया, जो वास्तविकताएँ हमारे सामने रखीं, उनसे हम विमुख नहीं हो सकते हैं। न केवल भारतवासी ही, अपितु संसार उसकी महत्ता को स्वीकार किए बिना नहीं रह सकता है। अपने अहिंसा-मार्ग के माध्यम से गाँधीजी ने बताया कि प्रश्न केवल हिंसा का व्यक्तिगत अथवा राष्ट्रीय स्तर पर उसी प्रकार प्रतिकार की इच्छा को समाप्त करने का नहीं है। हिंसक कार्यवाही और हिंसक प्रतिकार की इच्छा को समाप्त करने की बात है। आप अपने लिए जो कुछ चाहते हैं, उसकी इच्छा आप दूसरों के लिए भी करें।" यही गाँधीजी की अपेक्षा थी।

अपनी बात को आगे बढ़ाते हुए उन्होंने कहा:

"आप किसी भी क्षेत्र के विकास को प्राप्त करें, गाँधीवादी दृष्टिकोण आपको ऐसा करने की छूट देता है। उस विकास से आपका भला हो और किसी दूसरे की हानि न हो। गाँधीजी और उनका दृष्टिकोण आपको शुभकामनाएँ देता है। लेकिन आपके विकास का लाभ औरों को भी मिले, उससे अन्यों का भी कल्याण हो, तो गाँधीजी आपके ऐसे विकास की और बढ़ोत्तरी की कामना करते हैं। आपके विकास को वास्तविक मानते हैं। विपरीत इसके आपका विकास अन्यों के लिए बाधक बने, हानिकारक सिद्ध हो और शोषण करने का माध्यम हो जाए, वह आपको तो प्रसन्नता व समृद्धि दे, जबकि दूसरों के लिए दुख व कठिनाई पहुँचाए, उन्हें हानि दे, तो ऐसे विकास को वे विकास ही नहीं मानते हैं। ऐसा विकास एकाकी और अस्थायी होता है, अन्ततः उससे स्वयं आपका भला भी नहीं होगा।"

इस सम्बन्ध में बहुत ही श्रेष्ठ ढंग से उन्होंने पूरे विश्व का आह्वान करते हुए कहा, "परमाणु विकास कार्यक्रम चलाकर समृद्धि प्राप्त करने में कोई बुरी बात नहीं। इसमें किसी की आपत्ति वाली बात भी नहीं होनी

चाहिए, लेकिन इसी के साथ उस संस्कृति का निर्माण भी किया जाना चाहिए, जिसके माध्यम से वर्तमान पीढ़ी और आने वाली पीढ़ियाँ अपने उत्तरदायित्व को भली-भाँति समझें, विकास को एकाकी ही न बना रहने दें, उसके दुरुपयोग से बचें; तथा अन्ततः परमाणु-शक्ति का विकास स्वयं ही मानव-जाति के लिए अभिशाप न बन जाए, यह सुनिश्चित करें। यही गाँधीजी का मार्ग है, शान्ति और प्रगति का रास्ता है।"

राजीव गाँधी इस सम्बन्ध में इतने स्पष्ट थे कि उन्होंने यहाँ तक कहा, "निःशस्त्रीकरण की भावना को एक ओर प्रत्येक के भीतर गहराई से उतराना होगा, अन्यथा हमारा स्वप्न साकार नहीं होगा। निःशस्त्रीकरण गाँधी की अहिंसा की आवश्यक शर्त है, और यदि हृदय से सभी निःशस्त्रीकरण को अंगीकार कर लें तो फिर विकास, परमाणु-शक्ति एवं क्षमता सहित, सर्वकल्याण का श्रेष्ठ माध्यम सिद्ध हो सकेगा।"

निःसन्देह राजीव गाँधी की दृष्टि में गाँधी का मार्ग शान्ति का सीधा मार्ग था। प्रगति उस मार्ग से सम्भव थी। लेकिन उस मार्ग में विवशता और

"गाँधीजी ने हमें चुनौतियों का सामना अहिंसक मार्ग से करना सिखाया है। उन्होंने हमें यह भी बताया है कि मानवता को केन्द्र में रखकर तथा सत्य के आधार पर इस मार्ग से चुनौतियों से पार पाना चाहिए।"

दुर्बलता नहीं थी; सक्षमता एवं दृढ़ता उस मार्ग की विशेषताएँ थीं। भारत उसी मार्ग का अनुसरण करता रहा है और स्वयं राजीव गाँधी के नेतृत्व में नित नवीन उपलब्धियाँ हासिल करते हुए विकास के नए-नए कीर्तिमान स्थापित करते हुए सुदृढ़ होता रहा है।

❖❖❖

(ग)

महात्मा गाँधी, अहिंसा और विश्व-व्यवस्था

"आवश्यकता है भय को दूर करने की और अन्ततः इसे समाप्त करने की; पूर्वकाल के उन अनुभवों से सीखने की, जिन्होंने सम्पूर्ण मानवता को विनाश के द्वार पर लाकर खड़ा कर दिया तथा मनुष्य के अस्तित्व पर ही प्रश्नचिह्न लगा दिया। भय को दूर करते हुए और अनुभवों से सीख लेते हुए बड़े पैमाने पर, हर स्तर पर और प्रत्येक दशा में, आवश्यकतानुसार, सहयोग हेतु तत्परता, कदम-प्रति-कदम सामंजस्यपूर्ण सम्बन्धों के लिए तीव्रेच्छा तथा सबके लिए न्याय, स्वतन्त्रता व समानता की कामना उस विश्व-व्यवस्था के लिए अनिवार्य है, जो कल्याणकारी है, जो गाँधीजी की कल्पना के अनुरूप है और जिसके मूल में अहिंसा है।"

अपने प्रधानमंत्रित्वकाल में राजीव गाँधी ने उक्त विचारों के अनुरूप ही हर संभव प्रयास कर वातावरण का निर्माण किया। वे प्रधानमंत्री रहते हुए गुट-निर्पेक्ष आन्दोलन के प्रमुख नेता थे, वे राष्ट्रमण्डल संगठन के अग्रणी नेता थे, वे दक्षिण और दक्षिण-पूर्व एशियाई देशों के संगठनों जैसे कि सार्क का चेहरा थे। सभी संगठनों के माध्यम से, व्यक्तिगत रूप से और राष्ट्र के

प्रमुख प्रतिनिधि के रूप में भी, राजीव गाँधी ने अहिंसा पर आधारित उसी विश्व-व्यवस्था के निर्माण का आह्वान किया, जिसकी रूपरेखा महात्मा गाँधी ने प्रस्तुत की थी और जिसे पण्डित नेहरू ने तथा स्वयं राजीव की

माता श्रीमती इन्दिरा गाँधी ने दुनिया के सामने दोहराया था। उस रूपरेखा की संक्षिप्त प्रस्तावना में स्वयं गाँधीजी ने कहा था, "जब तक विश्व अहिंसा को स्वीकार नहीं करता, मानवता के अस्तित्व पर प्रश्नचिह्न बना रहेगा; स्वयं के विनाश की संभावनाएँ मौजूद रहेंगी।"

वास्तव में अहिंसा पर आधारित महात्मा गाँधी का मार्ग भारत का मार्ग है; वह भारत की संस्कृति का सन्देश है। भारत सदियों से विश्व को इसी के अनुरूप सन्देश देता रहा है; और प्रत्येक परिस्थिति में इस दिशा में

"महात्मा गाँधी के लिए स्वाधीनता का अर्थ निम्नतर और दीनतम का उत्थान था। इसी दिशा में कार्य करते हुए स्वाधीनता को वास्तविक बनाया जा सकता है।"

भारत कार्य करता रहा है। अगर थोड़ा और ऊपर की ओर चलें तो भारत का मार्ग न्यूनाधिक, एशिया का वह मार्ग है, जिसमें "सामाजिक और आर्थिक

परिस्थितियों को आमजन के कल्याणार्थ अनुकूल बनाया जाना है; शान्ति और स्थायित्व की प्रत्याभूति की संभावनाएँ उत्पन्न की जाती हैं, और जो अन्ततः सहयोग और विकास को पूरे एशिया महाद्वीप और उसके बाद

"भूख, बीमारी, अशिक्षा, दूषित वातावरण सहित कई गलत बातों को विज्ञान के माध्यम से सुधारा जा सकता है और इस हेतु समाज-निर्देशित तकनीकी का सहयोग आवश्यक है। लेकिन तकनीकी और संचार के क्षेत्र में विकास से, जो 'वसुधैव कुटुम्बकम्' की अवधारणा को सही अर्थों में साकार करने में अत्यधिक सहायक है, हम अभी तक उसका लाभ नहीं ले पाए हैं; इस दिशा में निश्चित कदम हमने अभी नहीं बढ़ाए हैं।"

विश्व के प्रत्येक भाग व प्रत्येक व्यक्ति की पहुँच तक ले जाने के साथ ही ठहरता है।" राजीव गाँधी के अपने ही सुन्दर और वास्तविकता से भरपूर शब्दों में:

"हमारी यह निश्चित धारणा है कि स्वतंत्रता, सम्पन्नता और शान्ति प्रक्रियाएँ हैं। हमने भारत के विकास के लिए कठिन परिश्रम किया है; भारत को बलशाली बनाने की दिशा में हमने दिन-रात एक किया है। लेकिन ऐसा करने के पीछे की भावना में संकीर्णता नहीं है हमें साथ-साथ ही विश्वभर में सहयोग और शान्ति के लिए काम करना है। किसी समूह विशेष से संलग्न हुए बिना अहिंसा के मार्ग से दुनिया की स्वाधीनता के लिए, सबके लिए न्याय हेतु और सबकी मूलावश्यकताओं की पूर्ति के लिए हमें अपना योगदान देना है। इसी की कल्पना गाँधीजी ने की थी; यही सबसे अच्छी व कल्याणकारी विश्व-व्यवस्था की कुंजी है।"

विशेष रूप से राजीव गाँधी ने इस सम्बन्ध में 27 नवम्बर, 1986 को मिखाइल गोरबाचेव की उपस्थिति में भारतीय संसद में कहा था:

"विवादों का अन्त और शान्ति की स्थापना विश्व की आज की सबसे बड़ी माँग है। महात्मा गाँधी ने मनुष्य के प्रारम्भिक दौर से आधुनिक समय तक के उस सफर का खुलासा किया, जिसके मूल में अहिंसा है। विज्ञान ने शक्ति को बढ़ाया, लेकिन वह तब तक मानव-कल्याण को समर्पित नहीं हो सकती, जब तक शान्ति उसका प्रमुख उद्देश्य न हो। गाँधीजी हमारे आदर्श हैं, मार्गदर्शक और नेतृत्वकर्ता हैं। विश्व को व्यवस्थित करना है, तो उनके मार्ग का अनुसरण करना ही होगा।"

निःसन्देह राजीव गाँधी अपने कथन में सही हैं; गाँधीवादी मार्ग अनुकरणीय है और अहिंसा पर आधारित विश्व-व्यवस्था की तमाम संभावनाएँ इसमें मौजूद हैं।

"महात्मा गाँधी ने हमें सिखाया है कि हिंसा और घृणा सबसे बड़ी बुराइयाँ हैं और वह सब कुछ, जो घृणा उत्पन्न करने वाला है, बुरा है। सत्यता यही है। गाँधी का सत्य मूल सत्य है और यही मानवता के समक्ष मूल प्रश्न भी है।"

❖❖❖

③

भारतीय मार्ग

(क)

अध्यात्म-शक्तिपुंज भारत

भारत हजारों वर्षों से विश्व का अग्रणी राष्ट्र रहा है, है और रहेगा। भारत की पहचान एक ऐसे देश की रही है, जिसने शेष विश्व को समय-समय पर कुछ-न-कुछ विशेष दिया है। संसार के प्रत्येक भाग के लोग उस विशेष से, न्यूनाधिक, प्रभावित हुए। भारत पर सीमा पार से अनेक आक्रमण हुए। समुद्र पार से भी इस महान देश को रौंदने के प्रयास हुए। इसी कारण राजनीतिक और आर्थिक रूप में भारत को भारी क्षति पहुँची। लेकिन वह विशेष, जो इसकी पहचान है और जिसने समस्त संसार को प्रभावित किया, बना रहा और आक्रान्ताओं, आततायियों व आक्रमण-कारियों के प्रहार उसके सामने प्रभावहीन हो गए। अव स्वाभाविक है, जानने की इच्छा होगी उस विशेष के सम्बन्ध में। जी हाँ, वह विशेष है भारत की अध्यात्म-शाक्ति, जिसके सम्बन्ध में महान युवा नेतृत्वकारी और प्रगतिशीलता के सच्चे प्रतिनिधि राजीव गाँधी ने कहा था:

"अध्यात्म-शक्ति भारत की सबसे बड़ी पूँजी है। यही वह सभ्यता है, जिसने सारे संसार को अपनी ओर आकर्षित किया है। इस शक्ति में अन्यों

के तिरस्कार का भाव नहीं है, अपितु अपनी मौलिकता को बनाए रखते हुए, परश्रेष्ठता को ग्रहण करने व उसके साथ समन्वय करने की भावना है। भारतीय अध्यात्म ने हमारे भीतर आत्मविश्वास को कूट-कूटकर भरा है। इसी आत्मविश्वास के बल पर प्रत्येक श्रेष्ठता को स्वीकारने, और जो ठीक नहीं है, उसे अस्वीकार कर देने की हमारी परम्परा है। अपनी इसी परम्परा को हमने सारे संसार को दिया है; और यही वह आधार भी है, जिसने हमें कठिनाइयों, अवरोधों तथा सभी प्रकार की परेशानियों से निकलने का मार्ग दिखाया है।"

संसार ने निरन्तर भौतिक उन्नति की है और उन्नति का यह क्रम जारी है। उन्नति किस-किस मुकाम को छुएगी, कोई भविष्यवाणी नहीं कर सकता है। एक समय भौतिक उन्नति में भारत स्वयं दुनिया में अग्रणी था। उस समय वह आध्यात्मिक क्षेत्र में भी संसार का गुरु था। अब भौतिक

विकास के क्षेत्र में कई दूसरे देश भारत से आगे हैं। क्या यह भारत के

"हमारे महान सन्तों और महात्माओं ने अध्यात्म का श्रेष्ठतम मार्ग हमें दिखाया है। इस मार्ग में गौरवमयी दूरदृष्टि है तथा वैज्ञानिक चिन्तन भी है; मानवता का अस्तित्व इस मार्ग मे सुरक्षित किया जा सकता है।"

सामने चुनौती है? क्या यह हम भारतवासियों के लिए चिन्ता का विषय है? युवा जननायक राजीव गाँधी के अनुसार:

"आज विकास और प्रगति के लिए संसार भर में होड़ है; क्योंकि उत्थानार्थ हमारा निरन्तर ध्यानाकर्षण किया जाता है। यह मूल भारतीय मान्यता और परम्परा के विरुद्ध है; यह भारतीय चेतना के विप्रीत है। भारत का मार्ग मनुष्य के सर्वांगीण विकास का है। इस विकास में आध्यात्मिकता और भौतिकता दोनों सम्मिलित हैं; हमें विकास की सच्ची राह पकड़नी है, तो हमारा ध्यान दोनों पर बराबर ही रहना चाहिए।"

भारत वैज्ञानिक अन्वेषणों में पीछे न रहे; देश तकनीकी क्षेत्र में आगे बढ़े। प्रौद्योगिकी, यातायात, संचार, दूरसंचार, अन्तरिक्ष, समुद्री खोज आदि सभी क्षेत्रों में हिन्दुस्तान विश्व का अग्रणी बने। राजीव गाँधी का यही देशवासियों का आह्वान था। इतना ही नहीं, इन क्षेत्रों के साथ ही आर्थिक क्षेत्र में भी, देशवासी अथक रूप से काम करें; हर कार्य को भारतवासी चुनौती के रूप में लें, यही उनकी हार्दिक इच्छा थी। इसीलिए उन्होंने बारम्बार और बलपूर्वक यह कहा था, "ध्येय प्राप्ति के लिए निरन्तर आगे बढ़ते रहो, एक के बाद दूसरी चुनौती से पार होते रहो, तब तक चलते रहो, जब तक मंज़िल पर न पहुँच जाओ।"

वे प्रत्येक भारतवासी के भीतर एक वैज्ञानिक को देखते थे। प्रत्येक देशवासी में उन्हें कुछ करने का उत्साह दीख पड़ता था; और उन्हें साफतौर से दृष्टिगोचर होता था कि उनके देशवासी परिश्रमी हैं, प्रगतिशील हैं तथा

उनका मार्ग समन्वयी है, सहयोगी है और साथ ही विकासोन्मुख है। इसीलिए यदि भारतवासी अपने स्वयं के मार्ग पर, जिसमें आध्यात्मिक व भौतिक प्रगति, दोनों, मौजूद हैं, आगे बढ़े तो संसार उनके नेतृत्व को स्वीकारेगा ही। स्वयं उनके शब्दों में:

"आध्यात्मिकता से भरपूर भारत का दृष्टिकोण सदा ही प्रगतिशील रहा है। सहयोग, समन्वय और विकास भारतीय अध्यात्म के अभिन्न अंग हैं। इन्हीं के बल पर सच्ची भौतिक उन्नति हो सकती है; संसार को नेतृत्व प्रदान किया जा सकता है।"

यह हम पर है कि हम कितना दोहराए गए इस सन्देश पर अमल करते हैं और भारत की प्रतिष्ठा व प्रगति को आगे बढ़ाते हैं।

❖❖❖

(ख)

भारत का विश्वव्यापी दृष्टिकोण

दूरगामी प्रभाव वाली और सकारात्मक राजनीति, एकता व सुदृढ़ता और राष्ट्रीय सहमति भारत की नीति है; इस नीति का अस्तित्व सैकड़ों वर्षों से है तथा इसी के आधार पर देश का विश्व के सम्बन्ध में दृष्टिकोण बना है। राष्ट्रवाद के स्रोतों को मजबूत करना, और ऐसा करते हुए

"शान्ति और मित्रता भारत का मार्ग है। सभी समस्याएँ द्विपक्षीय वार्ता से और शान्तिपूर्वक वातावरण में सुलझाई जा सकती हैं। वार्ताक्रम की निरन्तरता भारत की नीति है और यही समाधान का श्रेष्ठतम उपाय है।"

अन्तर्राष्ट्रीयतावाद की स्थापना का प्रयत्न, राष्ट्रीय चेतना की जागृति और उसका समुचित लाभ देशवासियों तथा विश्व के नागरिकों तक पहुँचाना एवं युवा पीढ़ी को महान राष्ट्रीय नेताओं के सन्देश से अवगत करना, ताकि वे अपने बल को राष्ट्र-निर्माणार्थ तथा मानवता के कल्याणार्थ समर्पित कर सकें, भारत के दृष्टिकोण में यह सम्मिलित है। यही नहीं, जैसा कि स्वयं राजीव गाँधी ने कहा, "कर्तव्यपरायणता और फलेच्छा से विमुखता, करुणा

से एकाकार व जीवन की एकता में विश्वास" भी भारत का व्यापक दृष्टिकोण है। भारत प्राचीनकाल से ही लोकतंत्रात्मक व्यवस्था का पोषक रहा है। इसलिए, "अहिंसा पर आधारित जनतंत्र, जिसमें धर्मनिर्पेक्षता,

"हम पड़ौसियों के साथ और सारे संसार के साथ शान्तिपूर्वक रहना चाहते हैं। हम विश्वास करते हैं कि टिकाऊ शान्ति तभी संभव है जब शान्तिमय सहअस्तित्व को स्वीकार कर लिया जाए, परमाणु अस्त्रों से निर्भरता को समाप्त करके अन्य हथियारों से भी अपने को मुक्त किया जाए।"

सामाजिक न्याय, अवसरों की समानता तथा विश्वास का पूरा-पूरा समावेश हो, भारत की मान्यता है," तथा इसकी परिधि में एक राष्ट्र ही नहीं, अपितु सारा संसार है। यही भारत का स्वप्न भी है, जैसा कि पण्डित जवाहरलाल नेहरू ने कहा था:

"हमारा स्वप्न केवल भारत के लिए ही नहीं है; अपितु वह सारे विश्व के लिए है।"

लेकिन मुख्य प्रश्न फिर भी हमारे सामने यह है कि अपने महान दृष्टिकोण को हम कैसे व्यावहारिक बनाएँ, अपने स्वप्न को किस प्रकार हम साकार करें? प्रजातंत्र को कैसे आदर्श बनाएँ ताकि संसार उससे प्रेरणा ले सके? इस सम्बन्ध में राजीव गाँधी की मान्यता थी:

"सर्वप्रथम उत्तरदायित्व की भावना को पूर्णतः विकसित करें और उसे व्यावहारिक बनाएँ और ऐसा करते हुए कानून के पालक हों, उसके संरक्षक हों और उसका आधार सुनिश्चित करने में कोई कमी शेष न छोड़ें। प्रजातंत्र जनस्वीकृति पर आधारित होता है, इसमें विधि-विरुद्ध किसी भी ढंग को मान्यता नहीं होती है; इसमें आक्रामक व्यवहार और अभद्रता को कोई स्थान नहीं होता है; प्रत्येक सुरक्षा की प्रत्याभूति चाहता है, और

जनतंत्र की सफलता इसी वास्तविकता में निहित होती है। इसलिए भय को दूर करके व शंकाओं को मिटाकर मैत्रीपूर्ण वातावरण का निर्माण इसके लिए आवश्यक है। ऐसा करें, देश को आदर्श बनाएँ तथा विश्व को भी इससे समृद्ध करें।"

यही नहीं, इसके उपरान्त, राजीव गाँधी का आह्वान रहा था:

"भारत ने सदा ही क्रान्ति की ज्वाला को प्रज्वलित किया है; हमने क्रान्ति की दिशा को निर्धारित किया है। समानता, स्वतंत्रता और भाईचारा हमारे क्रान्ति से जुड़े हुए आदर्श हैं; सत्य और अहिंसा हमारे मूलमंत्र हैं।

साधनों की पवित्रता और शुद्धता के लिए समझौते की लेशमात्र भी संभावना नहीं है। मानव से मानव को पृथक करने और सीमाओं में सीमित होने के प्रयासों को हमने सदा ही नकारा है। हमें इन सभी बातों पर अमल करते हुए क्रान्ति की प्रक्रिया को आगे बढ़ाना है तथा आत्मनिर्भरता प्राप्त करनी है। हम स्वयं कृषि, उद्योगों, विज्ञान और दृष्टिकोण में आत्मनिर्भर हों तथा संसार की आत्मनिर्भरता में अपने उत्तरदायित्व का निर्वाह करें, यही हमारा विश्वव्यापी दृष्टिकोण है।"

हमारे विश्वव्यापी दृष्टिकोण में, राजीव गाँधी के शब्दों में, "सबको अवसरों की समानता सुनिश्चित करना है; विकास की प्रक्रिया को प्रत्येक के द्वार तक ले जाना है और सहमति के आधार पर परिवर्तन की धारा में सबको सम्मिलित करना है। अन्ततः सारे विश्व को मित्रता से भरपूर चक्षुओं से देखना है; प्रजातंत्र को स्वर्णमय बनाना है और विश्व के विषयों से अपने को सम्बद्ध कर शान्ति और प्रगति को सुनिश्चित करना है।"

यही है भारत का वह विश्वव्यापी दृष्टिकोण, जो हजारों वर्ष पूर्व

"अपने राष्ट्र को आधुनिक युग में महान बनाने के लिए स्वयं को पुनः समर्पित करें; अपनी भारी मेहनत से पायी गयी स्वाधीनता को सुरक्षित करें; युद्ध स्तर पर कार्य कर दीनता, अशिक्षा, संकीर्णता, भेदभाव तथा अन्याय को समाप्त करें। अपने प्रजातंत्र को मजबूती देने का कार्य हम मिलकर ही कर सकते हैं।"

स्थापित हुआ था और जो आगे भी हजारों वर्षों तक ऐसा ही रहेगा।

❖❖❖

(ग)

कर्तव्य ही मूलमंत्र

"भारत का हमारा मार्ग पृथक है। हमारे प्राचीन दर्शन और चिन्तन ने एक भिन्न दिशा दी है। हम इच्छाधीन नहीं होते हैं तथा न ही असन्तुष्टि के

वश में होते हैं। हम 'कर्तव्य' में विश्वास करते हैं। मैं आपको गीता का मूलमंत्र दे सकता हूँ, जहाँ भगवान् कृष्ण ने अर्जुन से कहा है, ''जो फल

की इच्छा रखते हैं, उन्हें प्रसन्नता प्राप्त नहीं हो सकती है। ऐसे लोग दुखी ही रहते हैं।"

कर्तव्य भारत का मूलमंत्र है, हजारों वर्ष से भारतवासी इस मंत्र के अनुरूप व्यवहार करते हुए विश्व-कल्याण के पथ पर अग्रसर रहे हैं।

"अन्य राष्ट्रों में औद्योगिक क्रान्ति हुई है और हम पर उस संस्कृति का दबाव है, वह सभ्यता हमारी अपनी सभ्यता और संस्कृति को अभिभूत कर रही है। ऐसे में हमें स्वयं अपने से प्रश्न करना चाहिए कि हम इस तकनीकी और वैज्ञानिक औद्योगिक क्रान्ति का अपनी संस्कृति, मूल्यों व विरासत से किस प्रकार तालमेल बैठाएँ ताकि विकास की इस प्रक्रिया में हमारी भारतीयता लुप्त न हो।"

राजीव गाँधी इसी मूलमंत्र को समर्पित रहे और जीवन की अन्तिम श्वाँस तक कर्तव्यपथ पर डटे रहे। "दीनता सम्पन्नता में परिवर्तित हो" और "आन्तरिक बल अध्यात्म से पुष्ट हो," इस दिशा में वे कार्यरत रहे। इस सम्बन्ध में उनका विशेष आह्वान रहा:

"व्यक्तिगत क्षमता का लाभ सम्पूर्ण समाज को प्राप्त हो; उपलब्धि असन्तोष ग्रस्त न हो, क्योंकि जहाँ ऐसा होता है वहाँ और अधिक असन्तोष बढ़ता है, वह राष्ट्र की सीमाओं से आगे निकल जाता है और पूरे विश्व के लिए खतरनाक सिद्ध होता है।"

इसीलिए, "भारतीय मार्ग संकीर्णता को उपलब्धि से अलग करता है; उपलब्धि को साझा मानता है और प्रत्येक उससे लाभान्वित हो सके, ऐसा आह्वान करता है।"

भौतिक उन्नति अपरिहार्य है। यह नियम है। इससे कोई मना नहीं कर

सकता है। राजीव गाँधी इस वास्तविकता से भली-भाँति परिचित न हों, यह कैसे हो सकता था? विज्ञान, तकनीकी और दूसरे सम्बन्धित क्षेत्रों के विकास में उनकी बहुत रुचि थी। इस सम्बन्ध में, जो कुछ उन्होंने किया,

> **"आधुनिकता से पूर्ण उन औजारों व मशीनों से मुँह नहीं मोड़ना है, जो आज उपलब्ध हैं, और जो परिस्थितियों को बड़ी सीमा तक अनुकूल बनाने में सक्षम हैं; लेकिन इनका प्रयोग इस रूप में करना है ताकि ये शक्ति में वृद्धि कर सकें और प्रयुक्तकर्ताओं को भी शक्तिशाली बना सकें।"**

वह हम सबके सामने है। लेकिन इस उन्नति को भी वे पूर्णतः भारतीय मार्ग की परिधि में लाने की इच्छा रखते थे और एक बड़ी सीमा तक वे इस हेतु कटिबद्ध भी रहे थे। स्वयं उन्हीं के शब्दों में:

"हमें भौतिक उन्नति करनी ही चाहिए। इसीलिए हम विज्ञान व तकनीकी सहित अन्य क्षेत्रों में देश के विकास को 'दिन दूना रात चौगुना' होते देखना चाहते हैं। लेकिन ऐसा करते हुए भी हमारे समक्ष एक मूल प्रश्न है। क्या हम दूसरे विकास की अनदेखी कर सकते हैं? क्या हम नकारात्मकता को सकारात्मकता में परिवर्तित करेंगे?"

स्पष्टतः राजीव गाँधी के कथन में गहरा रहस्य है। वे संकीर्ण व्यक्तिवाद और अकर्मण्यता से बाहर आने का प्रत्येक देशवासी का आह्वान करते हैं तथा पुनः भगवान् श्रीकृष्ण को उद्धृत करते हुए कहते हैं:

"भगवान् कृष्ण ने कर्मशीलता में स्थिरता की बात की है। यह भारतीय दर्शन, मान्यता और विरासतपूर्ण आध्यात्मिकता का वह सर्वोच्च आधार है, जिसके बल पर उपनिवेशवादी शासन से पूर्व हम विकास के शिखर पर थे। तब हमारी कला, संस्कृति, नृत्य एवं संगीत उच्च स्थान पर थे। उसी समय

हमारे देश से जो खोजें निकलीं, वे आज तक के वैज्ञानिक उत्थान को आधार प्रदान करती हैं।"

"वह जो सब कुछ हुआ," राजीव गाँधी के अनुसार, "हमारे पूर्वजों की कर्मण्यता, असंकीर्णता और स्थापित भारतीय मार्ग से न भटकने के कारण ही हुआ। उन्होंने निःस्वार्थ होकर कार्य किया; कठिनाइयों की उन्होंने चिन्ता नहीं की तथा एकचित्त होकर बाधाओं से लड़ते हुए 'सर्वे भवन्तु सुखिनः' के सन्देश को मस्तिष्क में रखकर वे जो कुछ कर गए, वह हमारे लिए वरदान सिद्ध हुआ, आज भी वह हमारे लिए वरदान है।"

राजीव गाँधी जानते थे कि क्षमता होने के बावजूद कमजोरी कहाँ है? तथा बुद्धि-सम्पन्नता के बावजूद भारतीयों की समस्या कौन-सी है? इसीलिए उन्होंने वास्तविक भारतीय मार्ग की बात करके देशवासियों, विशेषकर युवाओं को झकझोरने का कार्य किया, जो आवश्यक था, और है।

❖❖❖

(घ)

सद्भाव बनाम व्यवस्था

सांस्कृतिक विरासत के रूप में सद्भाव को आम भारतीय द्वारा स्वीकार करने के बावजूद देश में साम्प्रदायिकतावाद की समस्या रही है। इस समस्या ने अनेक बार विकराल रूप लेकर साम्प्रदायिक सद्भाव को बुरी तरह प्रभावित किया है। साम्प्रदायिकतावाद की समस्या प्राचीनकाल से

"साम्प्रदायिकतावाद हमारी एक बड़ी दुर्बलता रही है। इसने देश को दुर्बल करने का कार्य किया है। उपनिवेशवादियों ने अपनी सत्ता को बनाए रखने के उद्देश्य से देश को बाँटने हेतु इसका साधन के रूप में प्रयोग किया है। यदा-कदा अभी भी इसका प्रयोग किया जाता है। जो देश के सच्चे हितैषी हैं, जो भारत की उन्नति व एकता चाहते हैं, उन्हें साम्प्रदायिकतावाद को समूल नष्ट करने की प्रतिज्ञा करनी चाहिए।"

रही है, भले ही ब्रिटिश साम्राज्य के अधीन भारत में मुख्यतः इसका केन्द्र हिन्दू और मुसलमान ही रहे हों, लेकिन उससे भी पूर्व, यहाँ तक कि प्राचीन भारत में भी यह विद्यमान थी।

लेकिन इसे भी इस देश का सौभाग्य ही कहा जाएगा कि जब-जब यहाँ साम्प्रदायिक वातावरण बिगड़ा, या दूसरे शब्दों में उसे बिगाड़ा गया, तब-तब देशवासियों ने ही उसे पुनर्स्थापित किया; आम लोगों ने मिलकर साम्प्रदायिक सद्भाव बनाया और व्यवस्था या शासन की भूमिका से बढ़कर आमजन की भूमिका इस कार्य में रही।

यह वास्तविकता भी है कि साम्प्रदायिक सद्भाव की सही मायनों में स्थापना स्वयं जनता द्वारा तथा सम्बद्ध धर्म-सम्प्रदायों के लोगों द्वारा ही हो सकती है; और शासन, व्यवस्था अथवा सरकार इस कार्य में अपना सहयोग तो दे सकती है, लेकिन अन्ततः सफलता की कुंजी जनता के हाथ में है। राजीव गाँधी ने इसीलिए देशवासियों का आह्वान करते हुए कहा था:

"साम्प्रदायिकतावाद और कट्टरतावाद के विरुद्ध पुलिस, कानून, व्यवस्था या शासनतंत्र के बल पर ही संघर्ष नहीं किया जा सकता है। हाँ, अस्थायी रूप से सरकार इस तरह के किसी कृत्य को दबा सकती है। लेकिन यह तो चुनौतीपूर्ण कार्य है; पुलिस कार्यवाही और व्यवस्था व शासन की ओर से इस सन्दर्भ में उठाए जाने वाले जरूरी कदमों के अतिरिक्त इसमें जनता की भागीदारी अपरिहार्य है।"

राजीव गाँधी का इस सम्बन्ध में विशेष रूप से, और सही मायने में, यही मानना था कि साम्प्रदायिक सद्भाव को बिगाड़ने वाले तत्त्वों से जनता

"साम्प्रदायिकतावादी और क्षेत्रीयतावादी शक्तियों ने स्वाधीनता आन्दोलन के दिनों में देश की एकता और अखण्डता को क्षति पहुँचाने का कार्य किया। हमने साम्प्रदायिकतावाद को नकारा और इसके विरुद्ध संघर्ष किया। आज भी साम्प्रदायिकतावाद के लिए भारत में कोई स्थान नहीं है। सदियों से भिन्न-भिन्न विश्वासों और धार्मिक मूल्यों का इस देश में स्थान रहा है, और आगे भी रहेगा।"

स्वतः ही कारगार ढंग से लड़कर उन्हें पराजित कर सकती है. सरकार तक का वह मार्गदर्शन कर सकती है, क्योंकि "जनता को ऐसे तत्त्वों की जानकारी होती है और उनके इरादों को भी वह समझती है।"

इसलिए, "जनता को चाहिए," राजीव गाँधी का कहना था, "वह व्यवस्था के ही भरोसे न रहकर, साम्प्रदायिक सद्भाव की स्थापना के लिए, इसकी मजबूती के लिए एवं इसकी निरन्तरता के लिए सजग रहकर कार्य करती रहे; और इस कार्य को किसी समय विशेष की परिधि में न रखकर, या अवसर पर ही करने तक सीमित न रहकर, इसे अपने

आवश्यक उत्तरदायित्व के रूप में ले। भारत विभिन्नताओं वाला देश है। जनता में विभिन्न स्वाभाविक भेद हैं। वे क्षेत्रीय हैं, भाषीय हैं, धार्मिक मान्यताओं के सम्बन्ध में हैं तथा रीति-रिवाजों और विचारों के सम्बन्ध में हैं। लेकिन इस सबके बावजूद सद्भाव उसमें प्रमुख है और यह सद्भाव विभिन्नता में एकता का निर्माण करता है, देश को मजबूती प्रदान करता है और समृद्ध भी बनाता है। यह न केवल बना रहे, अपितु दिनोंदिन मजबूत हो, इसमें सभी, आम और खास की जिम्मेदारी है, सबका कर्तव्य है।"

राजीव गाँधी का आह्वान पूर्णतः प्रासंगिक है; सच्चाई से भरा है। हम सभी को उनके आह्वान से निरन्तर सीख लेनी चाहिए और साम्प्रदायिक सद्भाव के लिए आगे आकर कार्य करना चाहिए।

❖❖❖

(ङ)

समझौते एवं सहमति की राजनीति

स्वाधीनता के बाद पण्डित जवाहरलाल नेहरू ने भारतीय मार्ग का फिर से खुलासा करते हुए कहा था, "हमारी विरासत और हमारे महान नेताओं द्वारा स्वीकृत नीति, जिसे हमने स्वतंत्रता संग्राम में भी अपनाया, हमारी प्रगति की शर्त है, इस नीति में सहयोग है और चूँकि यह शान्ति के मार्ग को प्रशस्त करने वाली है, इसलिए यह अर्थपूर्ण एवं महत्त्वपूर्ण है।"

पण्डितजी ने जिस भारतीय मार्ग की बात की, जिसे विरासत तथा नीति के साथ सम्बद्ध किया तथा प्रगति एवं शान्ति की शर्त स्वीकारते हुए अर्थपूर्ण तथा महत्त्वपूर्ण माना, उसके मूल में समझौता और सहमति है। लेकिन हमें यहाँ स्पष्ट रहना चाहिए कि समझौते और सहमति की नीति में और हर स्तर पर तथा प्रत्येक क्षेत्र में सामान्यत: जबकि राजनीतिक क्षेत्र में विशेषत: इन दोनों, समझौते व सहमति, के क्रियान्वयन के समय दुर्बलता और विवशता जैसी स्थिति का कोई स्थान नहीं हो सकता है।

मानव-जाति का सम्पूर्ण इतिहास हमारे सामने है। यद्यपि वह इतिहास संघर्षों और युद्धों का लेखा-जोखा है और शान्ति तथा इससे सम्बद्ध आन्दोलनों व गतिविधियों की उसमें गौणता है, लेकिन वह भी स्पष्ट करता है कि संघर्षों और युद्धों का अन्त सदा ही समझौतों से हुआ; ऐसा सम्बद्ध पक्षों की सहमति से हुआ। जो पक्ष दुर्बल था, पराजित एवं हानि उठाने वाला था, उस पक्ष की सहमति; और जो सबल, विजयी और लाभ का दावा करने वाला था वह पक्ष भी, सहमति और समझौते का आवश्यक भाग रहा है।

यही प्रक्रिया रही; वर्तमान में यह प्रक्रिया यथावत् है तथा भविष्य में भी इसका अस्तित्व रहने वाला है।

"हमारे विकास की प्रक्रिया में सबसे बड़ी बाधा नासमझी की वह दरार है, जिसमें भारत जो कुछ कर रहा है और वह जो कुछ कर सकता है, उसे समझा जाना चाहिए। इसी दरार को हमें पाटना है।"

भारत सदा ही वीरता के साथ समझौते तथा सहमति को प्राथमिकता देता रहा है। भारत की आन्तरिक और बाह्य राजनीति का ये अटूट अंग रहे

हैं। इसीलिए पण्डित नेहरू ने इसे अर्थपूर्ण व महत्त्वपूर्ण घोषित किया और फिर वर्षों बाद राजीव गाँधी ने अति सुन्दर शब्दों में देशवासियों का आह्वान करते हुए कहा:

"हमें राष्ट्रीय स्तर पर जुड़ने की नितान्त आवश्यकता है। हमें यह देखना चाहिए कि हमारे समुदायों को आपस में बाँटने वाले मुद्दे हमें उस स्तर तक न ले जाएँ, जहाँ से लौट पाना ही हमारे लिए कठिन हो जाए। विशेष रूप से हमें ध्यान रखना चाहिए कि ऐसे मुद्दों को राजनीतिक उद्देश्यों की पूर्ति में प्रयुक्त न किया जाए। सहनशीलता और सौहार्द्र, तथा साथ ही सामंजस्य, हमारे पथ की बाधाओं को दूर कर सकता है। इसी के आधार पर हम सपनों के भारत का वास्तव में निर्माण कर सकते हैं। निःसन्देह रूप से, हमारी राजनीति समझौतावादी हो तथा उसमें सहमति विद्यमान रहे, हम ऐसी ही राजनीति में विश्वास करते हैं।"

राजीव गाँधी ने स्वयं ही यह भी स्पष्ट किया:

"लेकिन समझौते और सहमति का गलत अर्थ नहीं निकाला जाना चाहिए, इन्हें कभी भी दुर्बलता एवं अकर्मण्यता के साथ सम्बद्ध नहीं किया जाना चाहिए।"

इसमें कोई सन्देह नहीं है कि राजीव गाँधी ने अपने सार्वजनिक जीवनकाल में वीरों की भाँति उक्त नीति का श्रेष्ठतम ढंग से अनुसरण किया; उन्होंने पंजाब, असम और दूसरे क्षेत्रों की उन जन-समस्याओं को इसी नीति के अनुसार हल करने में कोई कमी शेष नहीं छोड़ी, जो राष्ट्र की एकता तथा अखण्डता के लिए गम्भीर चुनौती प्रस्तुत कर रही थीं। यही नहीं, अनेक राष्ट्रीय मुद्दों पर, जिनमें योजनाओं की प्रक्रिया को विकास की सही धारा में मोड़ना, सामाजिक एवं सामुदायिक शक्ति को प्रगति का भाग

बनाना तथा वैज्ञानिक प्रबन्धन को समुचित दिशा प्रदान करना सम्मिलित रहा, समझौते व सहमति की नीति से कार्य करते हुए सदा-सदा के लिए देशवासियों और अन्यों के भी समक्ष अनुकरणीय आदर्श छोड़ा।

राजीव गाँधी के पास जनता द्वारा प्रदत्त इतना विशाल बहुमत था जो उन्हें अपने किसी भी कार्यक्रम को लागू करने में सहायक था। उनके समय में विपक्ष की स्थिति अति दुर्बल थी। फिर भी समझौते और सहमति की राजनीति को केन्द्र में रखकर उन्होंने जिस तरह काम किया, वैसा कोई वीर, विरला और महान व्यक्तित्व ही कर सकता था और राजीव गाँधी वास्तव में ही महान थे।

❖❖❖

1. अर्थात् अपनी धारणा को दोहराया था; स्वतंत्रता आन्दोलनकाल के दौरान जन्मी और बढ़ी पीढ़ी के सामने भारतीय मार्ग की उन्होंने स्पष्टता की थी।

4

धर्मनिर्पेक्षता और संस्कृति

(क)

धर्मनिर्पेक्षता का अभिप्राय

भारत एक धर्मनिर्पेक्ष देश है। धर्मनिर्पेक्षता इस देश की सभ्यता और संस्कृति का स्थायी पहलू है। यह कोई नया सिद्धान्त नहीं है; न ही धर्मनिर्पेक्षता कोई आधुनिक अवधारणा है। धर्मनिर्पेक्षता का इतिहास बहुत प्राचीन है; एक अर्थ में यह भारतीय सभ्यता के प्रारम्भिक विकास के साथ ही उदित हुई इसकी विशेषता है तथा भारतवासियों के संस्कारों का मुख्य अंग है।

"सच्चा धर्म प्रेम और सहनशीलता के प्रति वचनबद्ध होता है; प्रत्येक के प्रति प्रेम और हर एक के विश्वास का आदर धर्म की प्रमुख और मूल शिक्षा होती है। वास्तविकता यह है कि विभिन्न धर्म केवल भिन्न-भिन्न विश्वास हैं, लेकिन सबका मूल एक ही है; वे सभी एक तथा सर्वोच्च ईश्वर तक पहुँचने के भिन्न-भिन्न रास्ते हैं।"

समय-समय पर भारत के धर्मनिर्पेक्ष स्वरूप पर प्रहार हुए; धर्मनिर्पेक्षता को मिटाने तक की कोशिशें हुईं, लेकिन न तो देश की संस्कृति ने उन्हें मान्यता दी तथा न ही भारतीय सभ्यता के पोषकों ने उन्हें

स्वीकारा। इतना ही नहीं, धर्मनिर्पेक्षता हर परिस्थिति में स्थापित रहे और वह विभिन्नता में एकता के सिद्धान्त को मजबूती देती रहे, इस उद्देश्य से इसकी समय-समय पर स्पष्टता की गयी और उभर रही पीढ़ी को इसका वास्तविक अभिप्राय समझाया गया।

"धर्मनिर्पेक्षता हमारी महान संस्कृति का प्रमुख अंग है। धर्मनिर्पेक्षता को जानना और समझना है तो संस्कृति के ज्ञान से भली-भाँति ऐसा किया जा सकता है, कहीं दूर जाने की आवश्यकता नहीं है।"

धर्मनिर्पेक्षता के अभिप्राय को समझाने वालों की एक लम्बी सूची है। लेकिन उस सूची में जो प्रमुख नाम अंकित हैं, उनमें स्वर्गीय राजीव गाँधी

का अपना स्थान है। उन्होंने उस समय, जब धर्मनिर्पेक्षता के गलत अर्थ बताए जा रहे थे और धर्म के नाम पर विघटनकारी शक्तियाँ सिर उठा रही थीं, युवावर्ग को विशेष रूप से गुमराह करके विनाशकारी मार्ग पर ढकेलने के प्रयास किए जा रहे थे, धर्मनिर्पेक्षता का अभिप्राय देशवासियों के, और विशेष रूप से युवाओं के, समक्ष रखा था। उन्होंने कहा था:

"हम धर्मनिर्पेक्ष हैं। लेकिन धर्मनिर्पेक्षता को हम कैसे परिभाषित कर सकते हैं? क्या हम इसे 'धर्मविहीनता' के रूप में ले सकते हैं? नहीं। हम, निश्चित रूप में, इसे इस रूप में व्याख्यायित कर सकते हैं कि हर एक धर्म

को यह अधिकार है कि वह दूसरे धर्मों के साथ ही सहअस्तित्व रख सके। हम सभी धर्मों को, उनके निजी नियमों व पद्धतियों के साथ, सहअस्तित्व की आज्ञा दे सकें। उनके निजत्व का आदर कर सकें।"

उनसे प्रश्न किया कि क्या ऐसा करने से टकराव की कोई संभावना नहीं रहेगी? और क्या ऐसी स्थिति में, विशेष रूप से निजी नियमों तथा पद्धतियों की आड़ में, वास्तविक धर्मनिर्पेक्ष ढाँचा बाधित नहीं होगा? इस पर राजीव गाँधी का उत्तर था:

"इससे चूँकि सच्ची धर्मनिर्पेक्षता में कमी नहीं होती और हमारे धर्मनिर्पेक्ष स्वरूप को इससे सुदृढ़ता ही मिलती है, इसलिए टकराव की कोई बात हो ही नहीं सकती। फिर अपने-अपने नियमों व पद्धतियों पर चलकर जिस तरह सभी धर्मावलम्बियों ने देश की एकता का निर्माण किया है, वही तो हमारी शक्ति है; उसी को विभिन्नता में एकता कहा जाता है और वह सही धर्मनिर्पेक्षता है। हाँ, आवश्यकता इस बात को जरूर है कि सभी धर्म सच्ची धर्मनिर्पेक्षता से सरोकार करें। वास्तव में धर्मनिर्पेक्षता सिद्धान्त से कहीं अधिक व्यवहार का विषय है।"

राजीव गाँधी के वचन वास्तविक थे और आज ही नहीं, भविष्य में भी नितान्त आवश्यकता इसी बात की रहेगी कि धर्मनिर्पेक्षता के वास्तविक

"लगातार पाँच हजार वर्षों की यात्रा का गौरवमय इतिहास हमारी महान सभ्यता के साथ जुड़ा हुआ है। संसारभर में इस तरह की सभ्यताएँ कुछ एक ही रही हैं। हमारी सभ्यता हमें बल प्रदान करती है और हमें भेद-भावरहित होकर सबका समान रूप से आदर करना सिखाती है। हम अपनी धर्मनिर्पेक्षता को अपनी सभ्यता के सन्देश के अनुसार सुदृढ़ता प्रदान करने में समक्ष हैं।"

अभिप्राय को समझा जाए एवं उसे व्यवहार में उतारा जाए। मात्र धर्मनिर्पेक्षता की बात करने या उसके सैद्धान्तिक पक्ष पर ही अटक जाने से उद्देश्य की पूर्ति नहीं होगी।

❖❖❖

(ख)

धर्मनिर्पेक्षता के चार सिद्धान्त

धर्मनिर्पेक्षता भारत का वह प्रमुख मूलतन्त्र है, जो समय-समय पर इसकी अनुकरणीय सभ्यता का आधार रहा है और साथ ही इसकी साझी संस्कृति को सर्वाधिक बल प्रदान करता रहा है। सामान्यत: और बहुसंख्या में भारतीयजन धर्मनिर्पेक्षता के प्रति समर्पित रहे हैं, आज भी हैं, तथा भविष्य में भी रहेंगे। धर्मनिर्पेक्षता सहनशीलता और सहिष्णुता का प्रकटीकरण भी करती है, जो भारतीय मार्ग के आधार है। भारतीय मार्ग ने लम्बे ऐतिहासिक अनुभवों से संसार के सामने खुलासा किया है कि बिना धर्मनिर्पेक्षता के सत्यता को प्राप्त नहीं किया जा सकता; इसकी अनुपस्थिति में उस श्रेष्ठता को नहीं छुआ जा सकता, जो स्वयं धर्म का मूल है।

जैसा कि हम जानते हैं, भारत में धर्मनिर्पेक्षता हजारों वर्ष से है। आमजन इसके प्रति समर्पित रहा है, लेकिन समय-समय पर धर्मनिर्पेक्षता से विमुख लोग, भले ही उनकी संख्या बहुत अधिक नहीं रही हो तथा वे स्थायी रूप में इसके स्वरूप का कुछ भी नहीं बिगाड़ पाए हों, इस पर चोट करने का प्रयास करते रहे हैं। इस प्रवृत्ति के लोग धर्मनिर्पेक्षता के अर्थ और

अभिप्राय से, ज़ाने-अनजाने में, विमुख होते रहे हैं और समाज में गलत सन्देश देने का प्रयास करते रहे हैं।

"राष्ट्रीयता ही हमारी शक्ति है; राष्ट्रीयता का बल हमारा धर्मनिर्पेक्ष सिद्धान्त और व्यवहार है। साम्प्रदायिकतावाद देश का सबसे बड़ा शत्रु है। यदि राष्ट्र को सुदृढ़ और सुरक्षित रखना है, तो साम्प्रदायिक प्रवृत्तियों को अलग-थलग करना ही होगा; इनके विरुद्ध एकजुट होकर लड़ना ही होगा, इन पर विजय प्राप्त करनी ही होगी।"

धर्मनिर्पेक्षता है क्या? यह प्रश्न राजीव गाँधी के समक्ष भी, उस समय उत्पन्न परिस्थितियों के मध्य, प्रस्तुत हुआ। वे व्यापक दृष्टिकोणधारक थे। साथ ही वे दूरदर्शी भी थे। इसीलिए उन्होंने शाब्दिक अर्थ से धर्मनिर्पेक्षता

की कोई छोटी-सी परिभाषा नहीं की। ऐसा करना तर्क-वितर्क या मत-मतान्तर का विषय हो सकता था, क्योंकि संकीर्ण मनोवृत्ति वाले, कट्टरपंथी तथा विपरीत चिन्तनकर्ता ऐसा करने में दक्ष होते हैं तथा तत्पर भी रहते हैं। राजीव ने, विपरीत इसके, धर्मनिर्पेक्षता को चार सुदृढ़ खम्बों पर खड़े भवन के रूप में प्रस्तुत किया और इस भवन की, "जो हजारों वर्षों से राष्ट्र का गौरव तथा सम्मान रहा है, सुरक्षा करने का प्रत्येक, आम और खास का, आह्वान किया।" उन्होंने यह भी कहा:

"हजारों वर्षों के भारत के इतिहास में धर्मनिर्पेक्ष तथा साम्प्रदायिक तत्त्वों के मध्य द्वन्द्व चलता रहा है, लेकिन अन्त में सहनशीलता और करुणा पर दृढ़ धर्मनिर्पेक्ष तत्त्व ही विजयी हुए हैं, तथा कट्टरतावादी और संकीर्णता से युक्त साम्प्रदायिक तत्त्व पराजित हुए हैं। भविष्य में भी विजय धर्मनिर्पेक्षता की ही होगी, परन्तु साम्प्रदायिक तत्त्वों के विरुद्ध संघर्ष में ढील नहीं दी जा सकती है।"

राजीव गाँधी ने धर्मनिर्पेक्षता के जिन चार स्तम्भों की बात की, वे हैं:

"1. हमारी धर्मनिर्पेक्षता न तो अधार्मिक है और न ही धर्म-विरोधी है; हम सुदृढ़ आध्यात्मिकता से जुड़े हैं तथा यह हमारी संस्कृति में भी गहराई तक उपस्थित है;

"2. हम प्रत्येक धर्म का बराबर सम्मान करते हैं। किसी भी एक धर्म-सम्प्रदाय को राज्य द्वारा उच्च नहीं माना जाता है तथा धर्म-सम्प्रदाय के नाम पर किसी को कोई अवैधानिक या अनुचित लाभ उठाने की आज्ञा नहीं है। साथ ही, किसी धर्म-सम्प्रदाय विशेष के साथ कोई भेदभाव नहीं है;

"3. धर्म उच्चतम मानवीय मूल्यों से पुष्ट होने के बावजूद भी व्यक्तिगत जीवन का विषय है। देश की राजनीति में या व्यवस्था में इसके द्वारा निर्वाह की जाने वाली कोई भूमिका नहीं है; तथा

"4. हमारी सभ्यता और संस्कृति की मान्यताएँ, जो हमारे संविधान में स्पष्टत: परिलक्षित होती हैं, हमारी धर्मनिर्पेक्षता की कसौटी है। हम प्रत्येक को, संविधान के माध्यम से, अपनी इच्छानुसार, किसी भी धर्म के प्रति विश्वास रखने और आध्यात्मिक उन्नति करने की प्रत्याभूति देते हैं। समस्त धर्मावलम्बियों को समान रूप में संरक्षण, समान अवसर और उन्नति का अधिकार है।"

इतना ही नहीं, चार स्तम्भों को स्पष्ट करने के साथ ही राजीव गाँधी ने अति सुन्दर और सच्चे शब्दों में यह भी कहा, "अन्तत: सभी भारतीय हैं; धर्मनिर्पेक्षता भारतीयों का आभूषण है, भारतीयों की पहचान है तथा भारतीयता की कसौटी है।

"भारत के धर्मनिर्पेक्ष स्वरूप को बनाए रखने और उसे सुदृढ़ता प्रदान करने का उत्तरदायित्व भारत के अस्सी करोड़ लोगों का भी है। यदि भारतवासी एकताबद्ध होकर धर्मनिर्पेक्षता के लिए स्वर ऊँचा करते हैं, तो साम्प्रदायिक प्रवृत्तियाँ दुर्बल होंगी और अन्तत: देश उनसे उबर सकेगा।"

भारत तब तक एकताबद्ध है, जब तक धर्मनिर्पेक्षता भारतीयों के हृदय व मस्तिष्क में है। लेकिन जब भी यह दुर्बल होती है, तभी राष्ट्रीय एकता के समक्ष चुनौती आती है।"

कोई सन्देह नहीं, राजीव गाँधी का कथन और उनका आह्वान सदा प्रासंगिक है और सीख लेने के साथ ही व्यवहार में उतारे जाने योग्य है।

❖❖❖

(ग)

जन-एकता और धर्मनिर्पेक्षता

इसमें कोई सन्देह नहीं कि परतन्त्रता की बेड़ियों को काटने के लिए जाति, धर्म, लिंग और वर्ण-भेद से ऊपर उठकर और एकताबद्ध होकर भारतवासियों ने लम्बा संघर्ष किया, लेकिन अन्ततः स्वाधीनता प्राप्त भी की। कुछेक दुखद प्रसंगों को छोड़ दें, तो भारतवासियों ने स्वाधीनता के बाद देश के नवनिर्माण में और उसे शक्तिशाली बनाने में भी एकताबद्ध होकर योगदान दिया। देते भी क्यों नहीं? सामान्यतः भारतवासियों का स्वभाव ही ऐसा है; उन्हें निर्देशित करने वाली और पहचान देने वाली उनकी समृद्ध व समन्वयकर्ता संस्कृति का मूलमंत्र ही यह है।

"भारत हम सबका है। इस देश को स्वाधीन कराने के लिए लाखोंजन ने अपने प्राण न्यौछावर किए हैं.... सुरक्षा बलों ने स्वाधीनता की मुस्तैदी से रक्षा की है; वे हमारे देश का गौरव हैं; राष्ट्रीय एकता और अखण्डता हम सबका उत्तरदायित्व है।"

जनता की एकता ने सामान्यतः आन्तरिक और विशेष रूप से वाह्य खतरों से देश को सदा ही सुरक्षित किया; पूरे विश्व को यह जता दिया कि

अन्य कोई भले ही कुछ भी कहे, भारत की शक्ति का प्रथम आधार उसकी जनता है, जनता का बल है और साथ चलकर किसी भी चुनौती का सामना

"यदि देश को विकास करना है, तो हमें विकास कार्यों में उसी तरह जुट जाना होगा, जैसे कि स्वाधीनता संग्राम के समय स्वाधीनता सेनानी जुट गए थे और ध्येय प्राप्ति को उन्होंने चुनौती के रूप में स्वीकार किया था।"

करने की उसकी हिम्मत है। भारत की जनता को किसी भी विकसित राष्ट्र की जनता के बराबर खड़ा करने को तत्पर स्वर्गीय राजीव गाँधी स्वयं जनबल को देश की शक्ति का प्रथम स्तम्भ मानते थे। उनका कहना था:

"आन्तरिक शक्ति सुरक्षा का प्रथम स्तम्भ है। स्वयं प्रजातंत्र ने, जिसमें बड़े पैमाने पर जनता की भागीदारी हुई है, हमारी शक्ति की जड़ों को सुदृढ़ता प्रदान की है। स्वाधीनता के बाद के कई दशकों की अवधि के दौरान हमारे देश ने कई झटके सहन किए हैं। चाहे कोई वाह्य आक्रमण हुआ हो या देश को अन्दर से कोई चुनौती मिली हो, कोई दबाव पड़ा हो या व्यवस्था पर ही चोट की गई हो, जनता ने एकताबद्ध होकर समस्त

चुनौतियों का मुकाबला किया। दुनिया को यह बता दिया गया कि भारत के मूल जनतांत्रिक स्वरूप को परिवर्तित नहीं किया जा सकता है। हमारी राजनीति समझौतावादी है, टकराव की नहीं है, हम मेज पर बैठकर समस्याओं के समाधानार्थ वार्ताएँ करते हैं, उनका अन्ततः समाधान करते हैं, उन्हें पेंचीदा बनने से रोकते हैं, उस बिन्दु तक जाने से उन्हें रोकते हैं, जहाँ से वे हमारी व्यवस्था के लिए घातक बन सकती हैं।"

इसी के साथ-साथ धर्मनिर्पेक्षता को भी देश की शक्ति का आधार मानते हुए, राजीव गाँधी विशेष रूप से इसके लिए प्रतिबद्धता को प्रकट करते थे। जब-जब भी किसी ने राष्ट्र के धर्मनिर्पेक्ष स्वरूप के विरुद्ध जाने की बात की अथवा उस पर कोई विपरीत टिप्पणी की, तब-तब

"प्रत्येक समुदाय, प्रत्येक जाति और प्रत्येक भाषा को बिना किसी भेदभाव के विकास करने की स्वाधीनता मिलनी चाहिए; वे समान रूप से सम्पन्न हों और भारत की एकता के निर्माण में व उसकी अखण्डता की सुनिश्चितता में भागीदार बनें।"

राजीव गाँधी ने बेबाकी के साथ कहा कि ऐसा करने वाले राष्ट्र के हितैषी नहीं हो सकते। ऐसे लोगों की टिप्पणियाँ और विरोधी स्वर, न्यूनाधिक, एकता एवं सुदृढ़ता को कमजोर करने का प्रयास मात्र हैं, लेकिन महान मूल्यों के पोषक भारतवासी अन्ततः इन्हें कोई मान्यता नहीं दे सकते हैं।

गैर धर्मनिर्पेक्षता की स्थिति को सामाजिक बुराई के रूप में लेते हुए राजीव गाँधी का आह्वान रहा, "भारतवासी इसे जड़मूल से समाप्त कर देश को सुदृढ़ता प्रदान करेंगे तथा आधुनिकता के युग में अपनी सामाजिक तथा आर्थिक व्यवस्था को मजबूत करके समान रूप से सबका स्तर ऊँचा उठाने को आगे आएँगे। इससे जो परिणाम सामने आएगा वही हमारी शक्ति का उभार होगा। हमें शक्ति के लिए कहीं बाहर जाने की आवश्यकता नहीं है। अपनी सामाजिक-आर्थिक समृद्धि से हम स्वयं बलशाली बनेंगे। ऐसा

बल ही स्थायी हो सकता है, कोई बाहरी बल हमें न तो स्थायित्व दे सकता है तथा न ही हमें वास्तव में शक्तिशाली बना सकता है।"

प्रत्येक युग में सच्चे जननेताओं ने एकता और धर्मनिर्पेक्षता के लिए जनता का आह्वान करते हुए देश को समृद्धि प्रदान करने की बात की। उन्होंने स्वयं इस दिशा में अथक प्रयास किया। स्वाधीनता आन्दोलन की अवधि में महात्मा गाँधी इसका बेजोड़ उदाहरण हैं, और इस दिशा में उनके द्वारा किया गया महान कार्य न केवल भारतवासियों के लिए, अपितु सारे संसार के लिए प्रेरणा का स्रोत है। गाँधीजी के सहयोगियों,

"कट्टरतावाद घृणा और हिंसा को जन्म देता है। इसे पनपने नहीं देना चाहिए। सरकार के अतिरिक्त प्रत्येक देशवासी का यह कर्तव्य है कि वह कट्टरतावाद से देश को मुक्त करने में अपना सहयोग दे।"

पण्डित जवाहरलाल नेहरू, सरदार वल्लभभाई पटेल, मौलाना अबुल कलाम आजाद आदि ने उनकी परम्परा को आगे बढ़ाया; आन्तरिक एकता की स्थापना के लिए जीवन को न्यौछावर किया। राजीव गाँधी भी उसी परम्परा के पोषक थे, वे आन्तरिक एकता के बल पर शक्ति पैदा करके राष्ट्र को समृद्ध करना चाहते थे। यह उनके लिए धर्म भी था और जीवन को सार्थक करने का पैमाना भी।

❖❖❖

---

1. यह समझौतावादी दृष्टिकोण स्वयं भारतीय संस्कृति के उस महान मूल्य की परिधि में है, जिसे समन्वय कहा जाता है, जिसमें सबके मत का आदर किया जाता है।

(घ)

सांस्कृतिक संरक्षण और विकास

अपने नाना जवाहरलाल नेहरू और माता इन्दिरा गाँधी की ही भाँति राजीव गाँधी भारत की सांस्कृतिक विरासत के कायल थे। वे भारतीय संस्कृति के अग्रदूतों में से एक थे तथा वे संस्कृति के सच्चे प्रतिनिधियों की उसी श्रृंखला से आते हैं, जिससे बीसवीं शताब्दी में लोकमान्य तिलक, गाँधीजी, स्वयं पण्डितजी, सुभाष बाबू, सरदार पटेल, राजेन्द्र बाबू, मौलाना आजाद और विनोबा भावे जैसे राष्ट्र-पुरुष आए थे। संस्कृति से उन्हें इतना प्रेम था कि इसकी कीमत पर वे किसी भी तरह के विकास को, वह कितना भी बड़ा या अद्वितीय क्यों न हो, प्राप्त करने के इच्छुक नहीं थे। वे सांस्कृतिक विरासत को सर्वोच्च मानते थे; किसी विकास से यदि संस्कृति का तनिक भी ह्रास हो तो उसे वे सच्चा विकास नहीं मानते थे। उन्हीं के शब्दों में:

"हमारी संस्कृति और सांस्कृतिक विरासत में कुछ ऐसा है, जिस पर हम सभी गर्व कर सकते हैं। हमारा यह दृढ़ विश्वास है कि यदि आर्थिक

विकास हमारी सांस्कृतिक विरासत को हानि पहुँचाता है, हमारी सांस्कृतिक विरासत में किसी भी स्तर पर या किसी भी रूप में कमी करता है, तो वह वास्तविक विकास हो ही नहीं सकता है।"

"लेकिन क्या सैद्धान्तिक रूप में ही भारतीय संस्कृति पर गर्व करना काफी है? क्या इतना भर कह देना ही पर्याप्त है कि संस्कृति और सांस्कृतिक विरासत कमजोर न हों?" राजीव गाँधी स्वयं ही इस तरह के प्रश्न करते हैं और साथ ही देश के प्रत्येक नागरिक से भी पूछते हैं, और बात को आगे बढ़ाते हुए कहते हैं, "नहीं, यह पर्याप्त नहीं है।"

वे किसी संशय में नहीं थे, भारत की सांस्कृतिक विरासत और उसके बल पर प्राप्त हुई उपलब्धियों से उनका पूर्ण परिचय था, तथा वे यह भी

जानते थे कि उपनिवेशवादियों तथा साम्राज्यवादियों ने देश के सांस्कृतिक मूल्यों को तोड़ने और उन्हें विखण्डित करने के निरन्तर प्रयास किए।

"भारत की दो महान मान्यताओं की सहायता हमारे लिए वरदान है। प्रथम सांस्कृतिक समन्वय, दूसरों की अच्छाइयों को ग्रहण करना तथा अपने में उनको स्थान देना, तथा ऐसा करते समय अपने मूल स्वरूप को बनाए रखना; द्वितीय गुट-निर्पेक्षता के मौलिक दर्शन को अपनाना, अर्थात किसी भी गुट के साथ संलग्न न होकर समस्त संसार को अपना मानना और सबके कल्याणार्थ कार्य करना।"

परिणामस्वरूप संस्कृति के विकास को झटका लगा, सांस्कृतिक विरासत पर धूल की परत चढ़ी और देश की कई पीढ़ियाँ संस्कृति के सच्चे, वास्तविक और कल्याणकारी सन्देश से एकाकार नहीं कर पायीं। इसलिए सांस्कृतिक विरासत का खुलासा और सांस्कृतिक मूल्यों की पुनर्स्थापना अवश्यम्भावी और प्राथमिकता से पूर्ण कार्य है, इस धारणा को दृढ़तापूर्वक अंगीकार करते हुए राजीव गाँधी ने सात क्षेत्रीय सांस्कृतिक केन्द्रों की स्थापना की पहल की। यह कार्य अभूतपूर्व तथा स्मरणीय था, है और रहेगा। इन केन्द्रों की स्थापना के उद्देश्य को स्पष्ट करते हुए उन्होंने कहा था:

"प्रत्येक ऐसे केन्द्र की स्थापना के उद्देश्य और इसके विकास के मूल में जो महत्त्वपूर्ण बिन्दु हैं, उसमें प्रथम यह कि क्षेत्र की अपनी संस्कृति का उच्चतर स्तर तक विकास हो सके, स्थानीय संस्कृति की खोज हो और खोयी हुई प्रतिष्ठा की स्थापना हो, तथा द्वितीय यह कि उससे स्थानीय जन जुड़ें और देश के दूसरे भागों के लोग उसके निकट आएँ। इस प्रकार वह

राष्ट्रीय पहचान प्राप्त करे और देश की संस्कृति के रूप में ही सामने आए।"

सांस्कृतिक संरक्षण को सुनिश्चित करने के उद्देश्य से राजीव गाँधी का विशेष आह्वान रहा था:

"सांस्कृतिक विरासत किसी वर्ग विशेष, विशिष्ट व्यक्ति या व्यक्ति समूह, सभागार या नाट्यशाला तक ही सीमित नहीं रहनी चाहिए, अपितु यह आमजन तक पहुँचनी चाहिए, हाटों-बाजारों, मेलों-उत्सवों और उन सार्वजनिक स्थानों तक इसकी पहुँच होनी चाहिए, जहाँ प्रत्येक व्यक्ति का या अधिकांश व्यक्तियों का जुड़ाव होता है।"

यही, "सांस्कृतिक विरासत की सँभाल का मार्ग हो सकता है, इसके संरक्षण और विकास का आधार हो सकता है।" राजीव गाँधी का निरन्तर इस सत्यता में विश्वास रहा था।

जिन सात क्षेत्रीय सांस्कृतिक केन्द्रों की स्थापना और उनके विकास का कार्य राजीव गाँधी ने अपने समय में प्रारम्भ कराया, उनमें आपसी तालमेल और सहयोग की सुन्दर परम्परा भी उन्होंने डाली। यही नहीं, जो केन्द्र पहले स्थापित थे, उनके नव-स्थापित केन्द्रों के साथ सहयोग व तालमेल की व्यवस्था भी उन्होंने करायी तथा इस कार्य को सुनिश्चितता प्रदान करने के उद्देश्य से प्रतिवर्ष नई दिल्ली में राष्ट्रीय स्तर पर सांस्कृतिक समारोह आयोजित कराना प्रारम्भ किया। देश के प्रत्येक क्षेत्र व प्रत्येक भाग की संस्कृति से पूरे देशवासियों का परिचय हो सके तथा सभी स्थानीय संस्कृतियाँ राष्ट्रीय संस्कृति का अभिन्न भाग बन सकें, व उसके विकास को आयाम दे सकें, इस दिशा में किया गया वह कार्य महान था और वास्तविक था। ऐसे कार्य को निरन्तर बढ़ाने से ही सांस्कृतिक विरासत

सुरक्षित रह सकती है और विकास को वह सुमार्ग पर ले जाने हेतु सहायक सिद्ध हो सकती है।

प्रत्येक काल में, विभिन्न क्षेत्रों में पूर्व स्थापित महान मूल्यों के संरक्षण, पुनर्स्थापना और परिवर्तित परिस्थितियों में आमजन तक उनकी पहुँच के उद्देश्य से अथक रूप में कार्य करने वालों की एक लम्बी सूची है। लेकिन उस सूची में भी कुछ नाम, जैसा कि इसी प्रसंग के प्रारम्भ में मैंने कहा है, प्रमुखता से उभरते हैं। राजीव गाँधी उनमें से एक प्रमुख व्यक्तित्व है; सांस्कृतिक संरक्षण और उसके विकास के क्रम को बेहतर गति प्रदान करने हेतु वे लम्बे समय तक स्मरण किए जाएँगे तथा अनुकरणीय रहेंगे।

❖❖❖

5

शिक्षा, एकता और प्रगति

(क)

शिक्षा और सामाजिक एकता

"शिक्षा निश्चित रूप से वह माध्यम होना चाहिए जो हमारे उन समस्त मतभेदों को समाप्त करके हममें एकता स्थापित करे, जिन्होंने हजारों वर्ष से हमारे समाज को तोड़ने का कार्य किया है। हमारी समानता और एकता की कुंजी शिक्षा को ही होना चाहिए। यद्यपि हमने अनेक कानून बनाए हैं, लेकिन सामाजिक परिवर्तन मात्र कानून बना देने से ही नहीं हो सकते हैं। समाज में परिवर्तन, समाज से सम्बद्ध लोग ही ला सकते हैं और उसका आधार या माध्यम केवल शिक्षा हो सकती है।''

कितनी स्पष्टता और सच्चाई है, युवा नेतृत्वकारी और जमीनी वास्तविकता से जुड़े राजीव गाँधी के कथन में? स्वयं हमारे समाज का

"जो शिक्षा जीवन में सुधार लाती हो, जो भविष्य के निर्माण में सहायक बनती हो, उसी शिक्षा को प्रदान करने की हिमायत की जा सकती है।"

विभाजन कुप्रथाओं, जिनमें जाति प्रथम स्थान पर है और जो कुछ विशेष

वर्गों की बीमार मानसिकता पर राज करती है, द्वारा हुआ है। इस प्रथा को समाप्त करना हो, तो इसके लिए नितान्त आवश्यक है, मानसिकता को बदलना। मानसिंकता को बदले बिना, इसकी समाप्ति का कोई और उपाय नहीं है; तथा जो कानून से इसके अन्त की बात करते हैं, वे सही नहीं हैं। इसीलिए मैंने कहा है कि राजीव गाँधी का कथन शत-प्रतिशत सत्य है, क्योंकि वे परिवर्तन शिक्षा के आधार पर चाहते हैं; जो पीढ़ी देश का नेतृत्व सँभालने के लिए तैयार होने वाली हो, उसे सही शिक्षा के द्वारा तथा उसकी

मानसिकता को स्वस्थ बनाकर ही वे परिवर्तन की बात करते हैं। अपने कथन के समर्थन में राजीव के पास ठोस तर्क हैं, और तर्कों के मूल में गहन चिन्तन व दिन-प्रतिदिन के व्यवहार हैं। इसीलिए वे कहते हैं:

"मुद्दे को केन्द्र में रखकर हमने... शिक्षा-व्यवस्था की सार्थकता पर बहस भी छेड़ी है, लेकिन हमारे कार्य करने का जो तरीका है, वह पूर्णतः शंकाओं से भरा हुआ है; मुझे स्वयं इसमें कई तरह की भ्रान्तियाँ

दीख पड़ती हैं। कुछेक विद्यालय हो सकते हैं, जो सही दिशा में कार्य कर रहे हों, लेकिन अधिकांश तो शिक्षा की मूल भावना से विमुख ही लगते हैं।"

उनके कहने का तात्पर्य यह है कि शिक्षालयों, विद्यालयों या पाठशालाओं का संचालन करने वाले और इनके माध्यम से शिक्षा देने वाले, अध्यापक और आचार्य, पूर्णतः शंकामुक्त हों; उनकी स्वस्थ मानसिकता हो और वे समानता को दृढ़ता से पहले अपने जीवन के व्यवहारों में अंगीकार करें तथा उसके बाद व्यवस्था को सही करने का बीड़ा उठाएँ।

शिक्षा किसी एक वर्ग विशेष की बपौती नहीं हो सकती और विशेष रूप से उसके 'विशिष्ट वर्ग' से जोड़े जाने की बात करने वाले समाज के हितैषी नहीं हो सकते। ऐसे लोग संकीर्ण मानसिकता वाले ही होते हैं तथा समाज में टकराव व विभाजन के लिए उत्तरदायी होते हैं। ऐसी मानसिकता को समाप्त करना शिक्षा व इसके व्यवस्थापकों का पहला और सबसे महत्त्वपूर्ण उत्तरदायित्व व कर्तव्य है। स्वयं राजीव गाँधी के शब्दों में:

"शिक्षा से जुड़ी हमारी व्यवस्था, जिसके केन्द्र में 'विशिष्ट वर्गवाद' है, इसे इसके अभिप्राय और उद्देश्य से दूर ले जाती है। ऐसे में वह अपने स्वरूप को कैसे पा सकेगी? जो 'विशिष्ट वर्गवाद' में विश्वास करते हैं, उन्हें भली-भाँति यह समझ लेना चाहिए कि जब तक शिक्षार्थियों का सबसे बड़ा वर्ग इससे वंचित रहेगा, अर्थात समान रूप से जब तक वह भी इसकी परिधि में नहीं आ जाएगा, शिक्षा-व्यवस्था दुरुस्त नहीं होगी, तथा वह लाभकारी सिद्ध नहीं हो सकेगी। स्वयं उनके लिए भी वरदान नहीं बन पाएगी, जो 'विशिष्ट वर्गवाद' में विश्वास करते हैं, भले ही वे अपने बालकों के लिए कितनी भी बड़ी-से-बड़ी सुविधाओं की बात क्यों न करें!"

शिक्षा-व्यवस्था में सुधार समानता के आधार पर ही हो सकता है, 'विशिष्ट वर्गवाद' को मानसिकता से निकालकर ही इसे पूर्ण उपयोगी बनाया जा सकता है, तथा जब इससे सभी लाभान्वित होंगे तभी स्वस्थ एवं उन्नत समाज का निर्माण हो सकेगा। कुछेक की उन्नति, एक वर्ग विशेष का उत्थान, किसी भी दशा में पूरे समाज या राष्ट्र के विकास को प्रतिबिम्बित नहीं करता है। इसीलिए राजीव अपने विचारों में सही थे और इस दिशा में कार्य करने का जो उनका आह्वान था, वह तो पूर्णतः प्रासंगिक है।

"राष्ट्रीय एकता का अभिप्रायः सामाजिक असमानता और अक्षमता के विरुद्ध संघर्ष भी है। जाति, धर्म, भाषा, संख्या और लिंग भेद से सम्बन्धित समस्याओं को दूर करके ही एकता की स्थापना की जा सकती है।"

उनके प्रधानमंत्रित्वकाल में एक साथी ने उन्हें सुझाव दिया, 'क्यों न शैक्षणिक संस्थाओं को कम करके उनके स्तर को सुधारा जाए?' इस पर राजीव ने उत्तर दिया:

"हमें देश के प्रत्येक बालक को ऐसी श्रेष्ठ शिक्षा देने का प्रयत्न करना चाहिए, जिससे वह आत्मनिर्भर बने और साथ ही वह स्वस्थ मानसिकता का स्वामी भी हो। इस सम्बन्ध में आवश्यकता है शिक्षा के दायरे को बढ़ाने की; संस्थानों की संख्या कम करना उचित नहीं अपितु जो बुराइयाँ वहाँ मौजूद हैं, उन्हें उनके स्थान पर अच्छाइयाँ स्थापित करके समाप्त करना होगा। बड़े पैमाने पर और उच्च स्तर पर भी श्रेष्ठता लानी होगी। यद्यपि यह कार्य एक बड़ी चुनौती है; हमारी शिक्षा-व्यवस्था बुराइयों से ग्रस्त है, लेकिन हमारे सच्चे प्रयास निश्चित रूप से हमें सफलता दिलाएँगे, इसमें

कोई सन्देह नहीं रहना चाहिए। जीवन की वास्तविकता और सच्चाई को जानने के उद्देश्य से युवा पीढ़ी तैयार की जानी चाहिए; हमारे विद्यालय और महाविद्यालय इस दिशा में कार्य करें, तभी शिक्षा-व्यवस्था की सार्थकता की बात की जा सकती है, ऐसी सार्थकता जो समाज को प्रगति और अन्ततः उसकी एकता स्थापित कर सके।"

राजीव गाँधी के विचार परिपक्व हैं, उनमें सीधे-सीधे आह्वान है। यह हम पर है कि उन्हें किस सीमा तक अपनाकर हम स्वयं का और अपने समाज एवं देश का कल्याण करने को आगे आते हैं !

❖❖❖

(ख)

शिक्षा और शक्ति

शिक्षा जनता को तकनीकी का स्वामी बनाए, न कि वह तकनीकी की दास बने, ऐसा आह्वान करते हुए राजीव गाँधी ने शिक्षा के सम्बन्ध में कुछ ऐसे वास्तविक सुझाव दिए, जिसकी कभी भी अनदेखी नहीं की जा सकती। देशकाल की परिस्थितियों की माँग को केन्द्र में रखकर यदि उनके सुझावों से लाभ लेना हो, उन्हें नीतियों का निर्देशक बनाना हो या उनसे सीख लेनी हो, तो ऐसा संभव है। इस सम्बन्ध में विशेषकर राजीव गाँधी शिक्षा को शक्ति-निर्माण का जो आधार मानते हैं, वह अति महत्त्वपूर्ण है। आइए देखें! सबसे पहले इस सम्बन्ध में वे स्वयं क्या कहते हैं?

"शिक्षा इस तरह की होनी चाहिए जो हमारी जनता की आन्तरिक या भीतरी शक्ति-बल का निर्माण करे। ऐसा हो, और साथ ही शिक्षा हमारी नई पीढ़ी से प्राचीन सांस्कृतिक विरासत का परिचय कराए, तथा ज्ञान का जो खजाना हमारे पास है, उसे बाहर लाए; वह उसे युवा पीढ़ी को सुलभ कराए। ऐसा करते समय नितान्त आवश्यकता इस बात की है कि ज्ञान के

भण्डार और सांस्कृतिक विरासत का दायरा सूक्ष्म न हो, वह एक क्षेत्र या एक राज्य तक ही सीमित न रहे। हमारी विरासत को वह पूरे देश में फैलाए; वह भारतीय विरासत है, भारत का खजाना है और इस रूप में भारत की संस्कृति है, ऐसा स्वीकार कर उसे समान रूप से सभी के लिए सुगम बनाए। इस संदर्भ में स्थानीय विरासत और स्थानीय भाषा के साथ समन्वय

स्थापित करके आगे बढ़ा जाए। ऐसा होगा, तभी हम भीतर से सुदृढ़ होंगे, दूसरे शब्दों में शक्ति की स्थापना कर सकेंगे।"

देशकाल की परिस्थितियों में शिक्षा को ढालना अपरिहार्य है। बिना ऐसा किए शिक्षा सकारात्मक परिणामों वाली नहीं बन सकती; वह अपने उद्देश्य में सफल नहीं हो सकती। लेकिन इसका अर्थ यह कदापि नहीं है

कि शिक्षा को मूल सामाजिक व राष्ट्रीय मूल्यों से विरत बना दिया जाए अथवा पूर्व में मौजूद श्रेष्ठताओं को उससे अलग कर दिया जाए। राजीव गाँधी स्वयं इस सम्बन्ध में पूर्णतः स्पष्ट थे और उन्होंने कहा था:

"शिक्षा जीवन के प्रत्येक पहलू से जुड़ी रहनी चाहिए; समस्त क्षेत्रों तक इसकी पहुँच होनी चाहिए। इसका स्वरूप ऐसा होना चाहिए कि यह भूतकाल की हमारी समस्त श्रेष्ठताओं को बाहर लाए; वर्तमान में जो श्रेष्ठ है, देशकाल की परिस्थितियों में जो आवश्यक है, उसे परिधि में ले; और देश के राजनीतिक, आर्थिक, सामाजिक एवं सांस्कृतिक उत्थान, विशेष रूप से भविष्य में जो कुछ किया जाना आवश्यक है, हेतु दिशा-निर्देशन दे।"

राजीव गाँधी पूरे संसार की शिक्षा-व्यवस्था के बारे में ज्ञान रखते थे। वे इसकी विश्वव्यापी त्रुटियों से परिचित थे। युवावर्ग कितना असन्तुष्ट था, इसे वे जानते थे। इसीलिए उन्होंने कहा था:

"सच्चाई यह है कि प्रायः दुनिया का कोई भी राष्ट्र अपनी शिक्षा व्यवस्था से सन्तुष्ट नहीं है, और शिक्षा-व्यवस्था में सुधार और जरूरी परिवर्तनों का क्रम जारी है। लेकिन इसमें सावधानी की आवश्यकता है। सुधार व परिवर्तन के समय सभी को समय व स्थान की परिस्थितियों का ध्यान रखना चाहिए। ऐसा किए बिना श्रेष्ठ परिणाम सामने नहीं आएँगे।"

उस परम्परागत ज्ञान पर, जिससे लोग सामान्यतः परिचित हों, अनावश्यक रूप में यदि शिक्षा-व्यवस्था बल दे और उससे बाहर न निकलकर दूसरे अपरिहार्य ज्ञान प्राप्ति के मार्ग में बाधा बनें, तो ऐसा न तो अच्छा है, और न ही वास्तव में स्वयं शिक्षा के अभिप्राय व उद्देश्य के अनुरूप ही है। राजीव गाँधी इस तरह के कार्य को संशय में डालने वाला स्वीकार करते थे और उनका आह्वान था:

"किन्तु हमें आगे बढ़ना चाहिए। जिसके सम्बन्ध में बालक जानते हैं, उस पर अधिक जोर नहीं देना चाहिए। विपरीत इसके उन्हें भविष्य के प्रति सचेत करना चाहिए; भूतकाल की अपेक्षा भविष्य के प्रति चिन्तनशील बनाना चाहिए। यद्यपि यह कोई सरल काम नहीं है, लेकिन यदि हम ऐसा नहीं करेंगे तो इस क्षेत्र में, जो सबसे महत्त्वपूर्ण है और हमारी शक्ति का निर्माण करने वाला है, पीछे रह जाएँगे।"

यहाँ राजीव ने पुनः स्पष्ट किया कि केवल आधुनिक विज्ञान से जुड़ी शिक्षा ही भविष्य की व्यवस्था का आधार नहीं; यह विज्ञान और तकनीकी शिक्षा का एक भाग है, लेकिन इसकी अवधारणा व्यापक है। शिक्षा प्रत्येक व्यक्ति को समृद्ध करे; ज्ञान के द्वारा अन्याय, असहिष्णुता और कथित उच्चता की मानसिकता को दूर किया जाए, एवं जैसा कि पहले भी कहा है, अन्ततः सामाजिक, सांस्कृतिक, बौद्धिक, राजनीतिक, आर्थिक आदि सभी क्षेत्रों में प्रगति हो, समृद्धता आए, यही शिक्षा का अभिप्राय है। यही हमें शक्ति प्रदान कर सकती है; दुनिया में हमारे स्थान को यही निर्धारित कर सकती है।

"नैतिकता और सदाचार युक्त ज्ञान को भली-भाँति परखने के लिए मनुष्य को गहरी सूझबूझ चाहिए। इस हेतु हमारे पूर्वजों द्वारा प्रदत्त शिक्षा अद्वितीय है और उस पर निर्भर हुए बिना हम अधूरे हैं।"

विशेष रूप से राजीव गाँधी ने महात्मा गाँधी, टैगोर और इससे भी पूर्व स्वामी विवेकानन्द के स्वावलम्बी शिक्षा के मंत्र को दोहराया; आत्मनिर्भरता, देशीयकरण और सांस्कृतिक मूल्यों को इसके साथ जोड़ा। उन्हीं के शब्दों में:

"युवा पीढ़ी में उच्च सोच का विकास, स्वावलम्बन और विकासोन्मुखता, देश की समृद्धि और शक्ति का आधार हो सकती है। इस हेतु सही शिक्षा एकमात्र रास्ता है और जो सही है उसे हम विवेकानन्द, गाँधीजी और टैगोर जैसे महान लोगों के विचारों से ले सकते हैं।"

❖❖❖

(ग)

शिक्षा और नव-निर्माण

भारत के समक्ष एकता और अखण्डता जैसा महत्त्वपूर्ण और चुनौती भरा प्रश्न हो सकता है। देश को संयुक्त रूप में खड़ा करने तथा मजबूती देने की चिन्ता सभी देशवासियों को हो सकती है। इसके अतिरिक्त साम्प्रदायिकता जैसे गम्भीर प्रश्न, बेरोजगारी और भ्रष्टाचार जैसी समस्याएँ हमारे विकास के मार्ग के अवरोध हो सकते हैं। इन सभी चुनौतियों से पूर्ण

> **"स्वाधीनता के बाद देशभर में प्राथमिक विद्यालयों को खोलने का कार्य जोर-शोर से प्रारम्भ किया गया। आँकड़े बताते हैं कि इन विद्यालयों से, स्कूल जाने योग्य बालकों का 92 प्रतिशत भाग, अब सम्बद्ध हो चुका है। 80 प्रतिशत ग्रामों तक प्राथमिक विद्यालय पहुँच चुके हैं। लेकिन फिर भी शिक्षा-क्षेत्र में बड़ी खाई है। ऐसा क्यों? ऐसा इसलिए है कि हमने मुख्यतः संख्या पर ध्यान दिया है। हमें मात्रा की चिन्ता रही है; हमने गुणवत्ता की अनदेखी की है।"**

समस्याओं से एक साथ लड़ना हमें कठिन प्रतीत हो सकता है। लेकिन यह

कार्य संभव है और इसे अपेक्षाकृत सरल भी बनाया जा सकता है, शर्त यह है कि शिक्षा को इसका केन्द्र बनाया जाए। सही दिशा वाली शिक्षा के आधार पर नवनिर्माण का कार्य किया जाए। राजीव गाँधी इसी विचार के थे। उन्हें शिक्षा की जारी पद्धति से दुख पहुँचता था और इसीलिए एक बार तो उन्होंने रोष प्रकट करते हुए कहा था:

"स्वाधीनता के 38 वर्ष व्यतीत हो जाने के बाद तक भी हम अपनी शिक्षा-व्यवस्था को उस साँचे में ढाल पाने में सफल नहीं हो सके हैं, जिसमें ढलकर वह हमारे बालकों या शिक्षार्थियों को कठिनाइयों, परेशानियों व समस्याओं से जूझने के योग्य बना सके। यदि बालकों को सही शिक्षा दी गयी होती और उनके चरित्र का सही दिशा में निर्माण किया गया होता, तो इस तरह के चुनौती'भरे प्रश्न हमारे सामने उत्पन्न ही नहीं होते।"

विशेष रूप से शिक्षा का उद्देश्य व्यक्ति को आत्मनिर्भर बनाना होता है। शिक्षा प्राप्ति के बाद भी कोई बेकार रह जाए, वह अपना

भरण-पोषण न कर सके, तो उसके द्वारा प्राप्त की गयी शिक्षा किस काम की? ऐसी शिक्षा को त्रुटिपूर्ण माना ही जाएगा। राजीव गाँधी इस सम्बन्ध में भी पूर्णत: संशयमुक्त थे और कहते थे:

"सरकारी नौकरियाँ सभी को नहीं मिल सकती हैं। ऐसे में बेरोजगारी को कैसे समाप्त किया जाए? यह प्रश्न महत्त्वपूर्ण है, चुनौती भरा है और तुरन्त ही हमारा ध्यान अपनी ओर खींचने वाला है। मैं स्पष्ट करना चाहता हूँ कि यदि शिक्षा-व्यवस्था को नौकरशाही में प्रवेश की चाह से पृथक करके और उसे राष्ट्रीय परिस्थितियों व समय की माँग के अनुरूप ढालकर, आत्मनिर्भरता का आधार बनाया जाए, तो हम समस्या से मुक्त हो सकते हैं।"

"हम समाज को परिवर्तित करना चाहते हैं, हम समाज में एक नई चेतना का संचार करना चाहते हैं। लेकिन यह कार्य कहाँ से प्रारम्भ हो सकता है? निश्चित रूप से प्राथमिक पाठशालाओं से ही यह प्रारम्भ हो सकता है।"

राजीव गाँधी, महात्मा गाँधी के इस सुझाव से 'कि शिक्षा को मनुष्य के सर्वांगीण विकास का आधार बनना चाहिए, उसे प्रारम्भ से ही आत्मनिर्भरता हेतु बालक को तैयार करना चाहिए, ताकि वह तरुणावस्था में ही सक्षम हो सके और अपने मार्ग का चयन कर सके', सहमत थे। वे उस व्हाइट कॉलर नौकरी-व्यवस्था के पक्षधर नहीं थे, जो पराधीन भारत में रही और जो आज तक भी भारतीयों के मस्तिष्क में गहरी जड़ें जमाए हुए बैठी है। यही राजीव गाँधी के मतानुसार शिक्षा की सबसे बड़ी कमी है। उन्होंने शिकायती अंदाज में कहा था:

"सभी स्थापित विद्यालय और महाविद्यालय इसी उद्देश्य[1] की प्राप्ति की दिशा में कार्य करते हैं; वे लोगों को नौकरशाही में प्रवेश के लिए शिक्षित करते हैं। लेकिन क्या सभी नौकरशाही में खप सकते हैं? नहीं।

फिर क्यों न दूसरी तरह के रोजगारों में उन्हें डाला जाए? हो सकता है हमने उम्मीद के अनुसार ही शिक्षा दी हो, लेकिन अब आगे प्रारम्भिक शिक्षा के समय से ही इस सम्बन्ध में हमें सचेत रहना होगा। बालकों को स्वावलम्बन व आत्मनिर्भरता के लिए तैयार करना होगा; परिस्थितियों, समय व संसाधानों से वे सक्षम बन सकें, स्वयं आत्मनिर्भर हों एवं राष्ट्रनिर्माण में अपना योगदान दें, ऐसी शिक्षा-व्यवस्था लागू करनी होगी।"

राजीव गाँधी के सुझाव न केवल विचारणीय हैं, अपितु पूर्णतः

"सरकार के लिए यह कठिन है कि वह शिक्षा सम्बन्धी समस्याओं का अकेले ही समाधान कर सके। व्यवस्था में सुधार के लिए बुद्धिमान नेतृत्व की नितान्त आवश्यकता है और इसके सहयोग से ही घर-घर तक शिक्षा का सही सन्देश पहुँचाया जा सकता है।

व्यावहारिक भी हैं। हमें इसी के अनुसार इस दिशा में आगे बढ़ना होगा, यह हमारा कर्तव्य भी है और उत्तरदायित्व भी।

❖❖❖

1. व्हाइट कॉलर नौकरी के लिए।

6

ग्राम, कृषि और तकनीकी

(क)

गरीबी उन्मूलन और तकनीकी

शत-प्रतिशत से कुछ ही कम प्रतिशत विकास वाले उस देश को, जिसे मात्र चालीस वर्ष पूर्व ही स्वाधीनता मिली हो और जो साथ ही महाशक्ति के रूप में उभरा हो, जिसमें 'हरित-क्रान्ति', 'आप्रेशन फ्लड', 'परमाणु क्षमता' प्राप्ति जैसी महान उपलब्धियाँ सामने आयी हों, क्या

"भारत में, सुनहरे भविष्य के लिए, सबसे बड़ी प्राथमिकता गरीबी को समूल समाप्त करने में होनी चाहिए। हमारे वैज्ञानिकों ने इस दिशा में पर्याप्त कार्य किया है, लेकिन इस दिशा में अभी और भी काफी कुछ किया जाना है।"

कमजोर राष्ट्र कहा जाएगा? क्या ऐसे देश को किसी अन्य देश की ओर सहायता प्राप्ति की आशा से देखना चाहिए? सामान्यत: ऐसा देश न तो दुर्बल माना जाएगा और न ही ऐसे देश को किसी अन्य की ओर मुँह ताकना चाहिए। लेकिन भारत की परिस्थितियाँ, बावजूद उक्त वर्णित उपलब्धियों के, यदि कहीं कमजोरी प्रकट करें या अन्यों के सामने विवश खड़े होने का रास्ता दिखाएँ, तो यह विडम्बना के अतिरिक्त और क्या हो सकता है?

'हरित-क्रान्ति' और 'आप्रेशन फ्लड' जैसे देश को आत्मनिर्भर बनाने वाले कार्य नेहरू के नेतृत्व के काल में प्रारम्भ हुए। भारत परमाणु क्षमता प्राप्त करके दुनिया का शक्तिशाली देश इन्दिरा गाँधी के समय में बना,

"आज हमारी बड़ी आवश्यकताओं में से एक यह है कि हम अपनी सम्पूर्ण औद्योगिक व्यवस्था व मूल्य-क्षमता को आँकें, इसे मूलाधार के रूप में स्वीकारें और कार्यक्षमता को अधिक बढ़ाएँ।"

लेकिन गरीबी उन्मूलनार्थ तीव्रगति से कार्य राजीव गाँधी के नेतृत्व में हुआ। यह ऐसी सत्यता है, जिससे कोई इनकार नहीं कर सकता है। राजीव गाँधी ने गरीबी उन्मूलन को तकनीकी के साथ जोड़कर एक विचारधारा को, जिसे वास्तविकता के साथ ही कारगर भी माना जाना चाहिए, देश के

सामने रखा। वह विचारधारा क्या थी? बिना कोई शंका या भ्रान्ति रखे, उसे उन्हीं के शब्दों में जानें तो अच्छा होगा। उन्होंने कहा था:

"गरीबी उन्मूलनार्थ हमें तकनीकी को देखना होगा। यदि क्षणभर के लिए भी हम गरीबी उन्मूलन के बारे में, सच्चे दिल से और वास्तविकता से सरोकार रखते हुए विचार करते हैं, तो अन्ततः हम जिस परिणाम पर पहुँचते हैं, वह यही है कि हमारी जनता के पास जो तकनीकी उपलब्ध है, उसमें सुधार किया जाए। मैं स्थिति और स्तर की बात कर रहा हूँ, तथा यह नहीं कहता हूँ कि ग्रामीणों को "सुपर कम्प्यूटर" के पीछे दौड़ना चाहिए।[1] किन्तु मैं निश्चित रूप से ही कहूँगा कि उन्हें खेतों की उत्तम जुताई, उन्नत बीजों और श्रेष्ठ उर्वरकों के प्रयोगार्थ आगे आना ही चाहिए, यह सब भी तो तकनीकी ही है।"

इस सम्बन्ध में विकास की गति तीव्र हो, राजीव गाँधी की यही इच्छा थी और यही उनका दृढ़-निश्चय भी था। अपनी बात को और स्पष्ट करते हुए उन्होंने आह्वान किया:

"इसलिए जब हम विकास की बात करते हैं, जब प्रगति के लिए कहते हैं, तब हमारा निश्चित रूप से अभिप्राय आवश्यकतानुसार तकनीकी के प्रयोग से होता है, दूसरे शब्दों में, यह देखना और सुनिश्चित करना होता है कि जहाँ इसकी आवश्यकता है, वहाँ इसे व्यवहार में लाया जा रहा है या नहीं, और यदि लाया जा रहा है, तो क्या इसकी दशा ठीक है? या नहीं।"

"फिर," राजीव के अनुसार, "तकनीकी की सर्वाधिक आवश्यकता किसानों के लिए है, खेतों के लिए है, ग्रामवासियों के लिए है। इसकी आवश्यकता गरीबों के लिए है, सबसे निचले स्तर का जीवनयापन कर्ताओं के लिए है। इसलिए हमारी तकनीकी और विज्ञान, दोनों, सामाजिक क्षेत्रों से एकाकार करें, आम व्यक्ति के जीवन स्तर को ऊँचा उठाने में सहायक हों, तभी उन्हें सार्थक और उद्देश्यपरक माना जाएगा।"

अपने हृदय की भावनाओं को उड़ेलते हुए राजीव गाँधी ने यहाँ तक कहा कि यदि तकनीकी का लाभ आम व्यक्ति को नहीं मिलता, वह गरीबों,

“ग़रीबी कदाचित् हमारी सुरक्षा के लिए सबसे बड़ी चुनौती है, इसलिए हमें अन्तर्राष्ट्रीय स्तर पर एक नई आर्थिक व्यवस्था की भूमिका की आवश्यकता है।”

पिछड़ों, दलितों, महिलाओं और अल्पसंख्यकों से नहीं जुड़ती है, उनके जीवन में आपेक्षित भूमिका का निर्वाह नहीं करती है और कुछ लोगों तक ही सीमित रहती है, तो वह अधूरी है, एवं उसे कारगार नहीं माना जा सकता है। उन्हीं के शब्दों में:

“जहाँ तक हमारे कार्यालयों का सम्बन्ध है, हमने तकनीकी के बल पर प्रयास करके उन्हें सुचारु बनाया है, हमने विज्ञान के बल पर शैक्षणिक और शोध केन्द्रों में अभूतपूर्व तथा आश्चर्यजनक उपलब्धियाँ प्राप्त की हैं, हम विकास की अग्रिम पंक्ति पर आ खड़े हुए हैं, लेकिन बिना गरीबों का स्तर ऊँचा उठाए हम अपनी उपलब्धियों को वास्तविक नहीं मान सकते हैं। हमने जितने भी प्रयास किए हैं, हमारे इस क्षेत्र में जो भी प्रयत्न रहे हैं, उनसे

गरीब जुड़ें, उनकी गरीबी दूर हो और वे विकसित होते हुए अपने जीवन स्तर को अनुभव करें, तभी तकनीकी विकास का दम भर सकती है, अन्यथा नहीं। अन्तत: उन्नति की कसौटी आमजन और सबसे निम्न स्तर का जीवन जीने वाले व्यक्ति का उसकी परिधि में आ जाना होता है।"

राजीव गाँधी के विचारों और कार्यों से वास्तविक रूप में परिचय पाकर, उन्हें जानकर और उन पर व्यवहार करके ही कोई उनकी सार्थकता का अनुमान लगा सकता है। केवल बातें, केवल आलोचना अथवा केवल नुक्ताचीनी सिवाए बचकानेपन को प्रकट करने या, जाने–अनजाने में, सत्यता से मुख मोड़ने के अतिरिक्त और क्या हो सकता है?

❖❖❖

---

1. 'अथवा ग्रामवासियों और किसानवर्ग को कम्प्यूटर पर निर्भर हो जाना चाहिए।'

(ख)

तकनीकी और कृषि विकास

राजीव गाँधी निःसन्देह उस युग का प्रतिनिधित्व करने वाले नेतृत्वकारी थे, जिसमें तकनीकी पिछले पड़ाव से उठकर अभूतपूर्व विकास की नई डगर की ओर प्रस्थान करने को तैयार थी। विशेषकर भारत के

सन्दर्भ में तो यही सत्य था। ऐसे में स्वाभाविक था कि उनके जैसा कुशाग्र-बुद्धि और देश को समय और परिस्थितियों की माँग के अनुसार चहुँमुखी विकास की ओर ले जाने वाला तथा उसे हर क्षेत्र में विकसित होते

देखने का स्वप्न रखने वाला व्यक्ति तकनीकी विकास की ओर आकर्षित होता। राजीव गाँधी आकर्षित हुए। जिस प्रकार एक समय में पण्डित जवाहरलाल नेहरू ने औद्योगीकरण का बीड़ा उठाया था, उसी प्रकार राजीव ने तकनीकी ज्ञान, विशेषकर कम्प्यूटर के विकास, और दूर संचार सहित कुछ क्षेत्रों में क्रान्ति का जो बीजारोपण किया, वह देश को उनकी महान देन रही। आज परिणाम हमारे सामने हैं। पश्चिमी जगत, यूरोप और चीन जैसे देश भारत की इस क्षेत्र की उपलब्धियों का लोहा मानते हैं।

जब राजीव गाँधी तकनीकी विकास को नया आयाम दे रहे थे, उस समय यह कहा गया था कि भारत सत्तर प्रतिशत ग्रामों में बसता है। बात सही थी। अभी तक भी सत्यता यही है। इसलिए यह भी कहा गया था कि

"एक महत्त्वपूर्ण बात, जिसे हमें व्यावहारिक बनाना है, वह यह है कि सार्वजनिक क्षेत्र को उसके कार्यों में अधिकाधिक स्वतंत्र बनाया जाए।"

तकनीकी विकास शहरों के उत्थान का विषय है। साथ ही, दूरसंचार के क्षेत्र में प्रगति ग्रामों और आमजन तक पहुँचेगी, ऐसा सहज ही संभव नहीं है। यहाँ तक भी कहा गया था कि राजीव गाँधी ग्रामीण भारत की, और विशेष रूप से देश के आम लोगों की, ज़िन्दगी से अनभिज्ञ हैं। ऐसा ही पण्डित जवाहरलाल नेहरू के बारे में भी कहा गया था।

पण्डितजी ने वास्तव में यह कहा था, "मेरा भारी उद्योगों पर बल है, मैं इस्पात-संयंत्रों का समर्थन करता हूँ...।" लेकिन इसके लिए उनकी आलोचना करने वाले, जाने-अनजाने में, बात को पूरी नहीं करते थे। अपनी बात में उन्होंने यह भी कहा था, "लेकिन निश्चित रूप से मैं यह कहता हूँ कि कृषि किसी उद्योग से कहीं अधिक महत्त्वपूर्ण है।"

वे कहते भी क्यों नहीं? 1920–21 में अवध-किसान आन्दोलन और फिर 1930–31 में संयुक्त प्रान्त के किसान संघर्ष को नेतृत्व प्रदान करते समय जितनी निकटता से किसानों व ग्रामीणों की समस्याओं को उन्होंने देखा और जाना वह इतिहास के अनेक पृष्ठों में अंकित है।

पण्डित नेहरू की ही भाँति राजीव गाँधी ने तकनीकी-विकास के बारे में कहा था, "हम तकनीकी के जहाज को कृषि-विकास के क्षेत्र में उतारेंगे। हम जानते हैं कि लगभग तीन-चौथाई जनसंख्या ग्रामीण क्षेत्रों में बसती है; उसका आधार कृषि है। जब तक तकनीकी-विकास उन क्षेत्रों में

नहीं पहुँचता, वह वहाँ से गरीबी को नहीं मिटाता, तब तक उसका कोई अर्थ नहीं है।"

इतना ही नहीं, राजीव ने उच्च तकनीकी के साथ ही श्रेष्ठ प्रबन्धन की बात भी कृषि के लिए की थी और कहा था कि भले ही 'हरित-क्रान्ति' की बात की जाती है, भले ही खाद्यान्नों के बड़े पैमाने पर उत्पादन के तर्क दिए जाते हैं, कृषि-क्षेत्र में बहुत कुछ किया जाना है। कृषि भारत की अर्थव्यवस्था और आम भारतीयों के जीवन का आधार है। जब तक

तकनीकी और दूसरे क्षेत्रों के विकास कृषि से तालमेल नहीं बैठाते, कृषि विकास में सहायक नहीं हो जाते, वे तब तक कारगर नहीं माने जा सकते हैं।

"पर्याप्त रूप में सुदृढ़ अर्थव्यवस्था ही वास्तविक आत्मनिर्भरता प्रदान कर सकती है। हमारी मजबूती हमारे निर्यात में है तथा आयात किए गए माल के शीघ्र भुगतान में है।"

राजीव गाँधी के मस्तिष्क में एक साफ खाका था। तकनीकी का विकास हो; यह अपरिहार्य था, आज भी है। दूरसंचार तथ दूसरे क्षेत्रों में प्रगति हो, यह भी समय की माँग थी, और आज भी है। लेकिन यह सारा विकास देश के हर व्यक्ति तक पहुँचे, यह उनका स्वप्न था और संकल्प के साथ इसे साकार करने के वे इच्छुक थे। यही वास्तविकता है।

"भारत में मिश्रित अर्थव्यवस्था है। यद्यपि बड़ी सीमा तक हम सार्वजनिक क्षेत्र पर निर्भर रहे हैं; अभी भी हम ऐसा करते हैं, लेकिन साथ ही व्यक्तिगत क्षेत्र भी हमारा बड़ा आधार है; विशेष रूप से कृषि जैसे अति महत्त्वपूर्ण क्षेत्र, जो देश के स्थायित्व और ढाँचे का मूल है, हमारे विकासशील राष्ट्र की उन्नति का मुख्य आधार है, को किसी भी रूप में अनदेखा नहीं किया जा सकता है।"

कृषि की उन्नति से सम्बन्धित अथवा आमजन के कल्याणार्थ उठाए गए कदमों की सूचनाएँ जब-जब भी उनके पास पहुँचती थीं, वे अपनी प्रसन्नता का खुला इजहार करने से कभी नहीं चूकते थे। उनके प्रधानमंत्रित्वकाल के प्रथम वर्ष में ही लगभग 32 प्रतिशत अधिक रासायनिक खादों का उपयोग भारत के उत्तर-पूर्वी राज्यों में हुआ था।

निश्चित रूप में इससे वहाँ की कृषि पैदावार में उल्लेखनीय वृद्धि हुई थी। राजीव गाँधी इस उपलब्धि से इतने प्रसन्न हुए थे कि उसका इजहार उन्होंने भारत के अतिरिक्त विदेशों में भी किया था। उनके शब्द थे, "भारत के आमजन की खुशहाली का मार्ग यही है," अर्थात हमारी कृषि और पैदावार।

तकनीकी ज्ञान ग्रामों तक जाए। दूर-संचार क्रान्ति कृषि-क्षेत्र से जुड़कर आमजन के लिए लाभकारी सिद्ध हो, यही उनकी अपेक्षा थी। इसे आज की पीढ़ी को जान लेना चाहिए और उनकी आकांक्षा के अनुरूप इसी दिशा में कार्य करना चाहिए। राजीव गाँधी ने जो शुरुआत की थी और जिस मिशन को इस सम्बन्ध में आगे बढ़ाया था, उसकी वास्तविकता व सच्चाई आज सबके सामने है। मैं या कोई दूसरा इस बारे में कुछ अधिक कहे, उसकी आवश्यकता नहीं है। क्या दूर-संचार की प्रगति का लाभ पूरे देश को मिला है या नहीं? क्या दूसरे तकनीकी विकास से न्यूनाधिक सभी लाभान्वित हुए हैं या नहीं? यह प्रत्येक देशवासी के सामने है।

लेकिन, जैसा कि कहा है, उनके रास्ते पर और अधिक आगे बढ़ने की आवश्यकता है। राजीव गाँधी इस सम्बन्ध में आदर्श थे; उनके आदर्शों से हमें अधिकाधिक फलीभूत होना चाहिए।

❖❖❖

(ग)

विकास एवं पंचायतराज-व्यवस्था

वास्तव में विकास का अभिप्राय क्या होता है? क्या किसी एक वर्ग विशेष की आर्थिक प्रगति से ही विकास को मापा जा सकता है? क्या आर्थिक उन्नति ही विकास के अभिप्राय को पूरा कर देती है? ये कुछेक प्रश्न हैं, जो उन सभी के मस्तिष्क में प्राथमिकता से उभरते हैं, जिन्हें वास्तव में ही विकास से सरोकार होता है। राजीव गाँधी चूँकि

"समाज के कमजोर वर्गों के हितों का श्रेष्ठ ढंग से संरक्षण पंचायतराज-व्यवस्था में ही हो सकता है; यह इस व्यवस्था का उत्तरदायित्व भी है। यही नहीं, सभी, जाने-अनजाने में, भुला दिए गए तबकों के विकास का भी इसका कर्तव्य है।"

विकास-पुरुष थे, भारत की उन्नति उनका स्वप्न ही नहीं, अपितु कामना थी और इस हेतु उन्होंने अपने जीवन की अन्तिम साँस तक कार्य किया, इसलिए उक्त प्रश्न उनके समक्ष भी थे। यदि ऐसा नहीं होता तो वे यह नहीं कहते:

"विकास का अर्थ केवल दिल्ली, कलकत्ता और मुम्बई जैसे शहरों का विकसित हो जाना ही नहीं है। यदि कुछेक शहरों की उन्नति तक ही विकास की परिधि होती तो यह कोई कठिन कार्य नहीं था। ऐसी स्थिति में तो हमने अमेरिका और जापान जैसे विकसित देशों की बराबरी कभी की कर ली होती। लेकिन बात यहीं तक नहीं है...।"

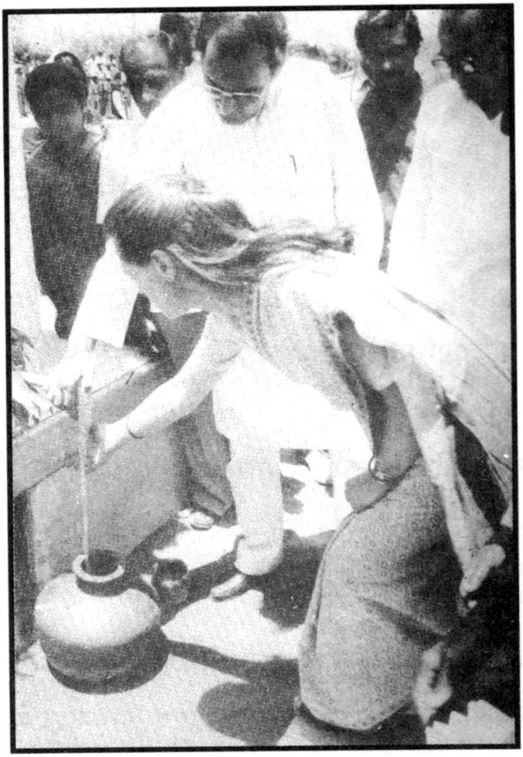

फिर विकास का पैमाना क्या हो सकता है? राजीव गाँधी किसी संशय या दुविधा में नहीं थे। चूँकि विकास का अभिप्राय देश के प्रत्येक व्यक्ति की उन्नति में, वह भी केवल आर्थिक दृष्टि से नहीं, अपितु सामाजिक एवं राजनीतिक, व दूसरे क्षेत्रों में भी, प्रकट हो सकता है, इसलिए वे स्पष्ट थे और कहा करते थे:

"विकास का अर्थ देश के लाखों ग्रामों का विकास है। ग्रामों की स्थिति को बदलना सर्वोच्च प्राथमिकता है। निःसन्देह, एक बार यदि ग्राम बदल जाते हैं, विकास की धारा में वे आ जाते हैं, तो उससे शहरों को अपने आप ही लाभ प्राप्त हो जाएगा; शहरों पर से दबाव घटेगा और अनियंत्रित पलायन, जो ग्रामों से शहरों को हो रहा है, रुक जाएगा। यही नहीं, विकसित ग्रामों में, पलायन कर गए लोग वापस आएँगे; वे वहाँ रहेंगे तथा विकास की प्रक्रिया को और आगे बढ़ाएँगे। इससे ग्राम आत्मनिर्भर भी बनेंगे, और यही विकास की कसौटी है।"

ग्रामों का विकास कैसे हो? क्या कहने मात्र से ही विकास हो जाएगा, ग्राम आत्मनिर्भर बन जाएँगे और ग्रामीणजन खुशहाल हो जाएँगे? नहीं !

"प्रजांतत्र में विकेन्द्रीयकरण केवल सत्ता के बँटवारे से ही पूर्ण नहीं हो जाता है। इसमें आवश्यक रूप से उत्तरदायित्व का बँटवारा भी होना चाहिए।"

विकास, खुशहाली और आत्मनिर्भरता के लिए ठोस कार्य करना ही होगा और वह भी स्वयं, सम्बद्धजन को। इसीलिए राजीव गाँधी का भी मानना रहा था:

"समुदायों को स्वयं निर्धारित करना होगा कि उनके लिए क्या लाभकारी है; वे किस गतिविधि से समुचित लाभ लेकर विकास के क्रम को निरन्तरता प्रदान कर सकते हैं; और अपने कार्य को आगे बढ़ाने के लिए उन्हें क्या चाहिए? वे यह निर्धारित कर लें तो फिर विकास के लिए कटिबद्ध सरकार उनकी सम्बन्धित आवश्यकताओं को पूर्ण करने का कार्य करेगी।"

इतना ही नहीं, "सरकार आवश्यक संसाधन जुटाने में पूर्ण सहयोग करेगी; वह धन का प्रबन्ध करेगी और प्रत्येक की विकास की प्रक्रिया में भागीदारी हो, इस आशय की नीतियों के निर्माण, निष्पादन और कार्यान्वयन में पूरा सहयोग देगी। लोग आर्थिक रूप से समृद्ध हों, उनका सामाजिक स्तर ऊँचा उठे और राजनीतिक रूप में वे जागरूक हों, उन्हें स्वयं प्रतीत हो कि वे स्वराज्य के भागीदार हैं, इस हेतु सरकार कटिबद्ध रहेगी।"

निःसन्देह राजीव गाँधी ने अपनी विकास की अभिलाषा के अनुरूप काम किया और जो सर्वाधिक आवश्यक था, उसी को केन्द्र में रखकर विकास का क्रम निर्धारित किया। जी हाँ, उस पंचायतराज-व्यवस्था को विकास का आधार बनाया, जो न केवल सामाजिक, सांस्कृतिक और राजीनतिक दृष्टि से ही, अपितु आर्थिक दृष्टि से भी ग्रामों का, दूसरे शब्दों में देश के आमजन के उत्थान का माध्यम उसी प्रकार हो सकती है, जैसे वह हजारों वर्ष से रही है।

पंचायतराज-व्यवस्था आमजन के उत्थान का, दूसरे शब्दों में, देश के वास्तविक विकास का माध्यम कैसे रही है? या हो सकती है, यद्यपि इसके बताने की आवश्यकता नहीं होनी चाहिए, लेकिन जो नहीं जानते उन्हें जानना चाहिए कि इस व्यवस्था से आमजन का और प्रत्येकजन का निम्न स्तर से तथा सीधा जुड़ाव होता है। प्रत्येक का न्यूनाधिक और प्रायः प्रतिदिन इससे सरोकार रहता है; सरलतापूर्वक उसकी पहुँच रहती है तथा दखल भी होता है। राजनीतिक, सामाजिक और कुछ हद तक आर्थिक जीवन की नींव पंचायतराज-व्यवस्था में है; यही ऊपर की ओर बढ़ती व्यवस्था को प्राणदान देती है। इसलिए यदि आमजन और देश के विकास का माध्यम इसे माना जाए तो वह सही है। यही नहीं, यदि इसके आधार पर विकास को

आगे बढ़ाया जाए, तो वह श्रेयस्कर होगा और अपने उद्देश्य में सफल भी रहेगा। भारत के विकास के सम्बन्ध में यही सत्य है, जिसकी सम्पुष्टि के लिए हम अपने इतिहास में जा सकते हैं; महात्मा गाँधी के लेखों, सुझावों व सन्देशों से जान व समझ सकते हैं।

"सच्चे स्वराज्य की", जो विकास की कसौटी है, "स्थापना केन्द्र में बैठे पच्चीस व्यक्ति नहीं कर सकते। इसका निर्माण प्रत्येक ग्राम में रहने वाले गरीब-से-गरीब व्यक्ति की भागीदारी से और प्रगति के उस तक पहुँचे भाग से ही हो सकता है", यही गाँधीजी ने दोहराया था, और इसी को अंगीकार करके राजीव गाँधी ने विकास का अर्थ समझा और इसमें पंचायतराज-व्यवस्था की भूमिका के महत्त्व व उसकी नितान्त आवश्यकता को स्वीकार किया।

"कृषि में हमारी सफलता ही हमारी आत्मनिर्भरता की कसौटी है। हमने इस क्षेत्र में बड़ी-बड़ी उपलब्धियाँ प्राप्त की हैं, लेकिन पूर्ण सफलता पाने में अभी हम बहुत दूर हैं। कृषि-क्षेत्र में बहुत सारी समस्याएँ हैं और उनको समाप्त किए बिना हम उन्नति का दावा नहीं कर सकते हैं।"

इतना ही नहीं, इस सम्बन्ध में बुद्धिजीवियों, शिक्षाविदों, लेखकों और व्यवस्थापकों के समूहों में भी राजीव गाँधी ने कई बार इस तरह कहा:

"ग्राम ही हमारी व्यवस्था का मूल है, लेकिन यदि व्यवस्था को मजबूती देकर विकास की बात करनी है, तो प्रत्येक गरीब तक हमें पहुँचना होगा। हमें यह ध्यान रखना होगा कि आज भी यदि हमारा देश मजबूत है और वह एक है, तो इसी कारण से कि इस देश की आम जनता बलशाली है; और इसलिए क्योंकि जनता उत्साह से भरपूर है। हाँ, हम व्यवस्थापकों

ने जनता के उत्साह का भरपूर लाभ नहीं लिया है; स्वराज्य की पहुँच ग्रामों तक नहीं हो पायी है। हमें ऐसा करना ही होगा और उसका माध्यम है पंचायती राज। हम इस ओर ध्यान दें और निश्चित कदम उठाएँ।"

राजीव ने कदम उठाए; पंचायतों की कायापटल करने और उन्हें जन-विकास का माध्यम बनाने के उद्देश्य से उन्होंने जो कुछ किया वह हमारे सामने है। लेकिन इस दिशा में अभी और भी बहुत कुछ किया जाना आपेक्षित है; राजीव गाँधी की कल्पना को पूर्णतः साकार किए जाने की आवश्यकता है।

❖❖❖

1. पंचायतों व ग्रामसभाओं के माध्यम से।

7

अन्तर्राष्ट्रीय व्यवस्था और विश्व-शान्ति

(क)

विश्व के समक्ष चुनौती

विश्व की अर्थव्यवस्था में औपनिवेशिक और साम्राज्यवादी भावना की मौजूदगी को राजीव गाँधी संसार के समक्ष एक बड़ी तथा गम्भीर चुनौती मानते थे। लेकिन इस चुनौती से पार पाने के लिए वे दृढ़ता से कहते थे:

"इस चुनौती का सामना, विश्व में जो घटित हो रहा है उससे मुँह मोड़ने या उसकी अनदेखी करने से नहीं किया जा सकता है। हम यदि स्वयं इस चुनौती की अनदेखी करेंगे तो भारत अपने पैरों पर खड़ा नहीं हो सकता

है। जितना भी भारत आज अपने पैरों पर खड़ा है, उसमें भी इस तरह की अनदेखी के कारण कमी आएगी। यही नहीं, भारत स्वयं अपनी स्वाधीनता को नहीं बनाए रख सकेगा, विशेषकर यदि हम नव स्वतंत्र देशों को विश्व के धरातल पर स्वाधीन नहीं रख पाए।"

व्यक्तिगत और राष्ट्रीय, दोनों, स्तरों पर मौजूद धारणा, "दुनिया में जो कुछ होता है, यदि हम उस पर ध्यान न दें और उसे चुपचाप देखते रहें, तो हमारा अस्तित्व सुरक्षित रहेगा," और "जो कुछ दुनिया में होता है, उसका हमसे कुछ भी लेना-देना नहीं है," न तो हितकारी है तथा न ही

"प्रत्येक देश को भिन्न-भिन्न तरह की चुनौतियों का सामना करना होता है। हर देश की जनता कई तरह की चुनौतियों का मुकाबला करती है। कभी भी ऐसा नहीं रहा जब समस्याओं का समाधान न किया गया हो। जिस देश के समक्ष चुनौतियाँ नहीं हैं, वह तो मृत देश है, क्योंकि जीवित तथा स्वतंत्र राष्ट्र के सामने ही चुनौतियाँ खड़ी होती हैं।"

वास्तविक है। ऐसी अवधारणा राजीव गाँधी के शब्दों में, "उत्तरदायित्व व कर्तव्य से, जाने-अनजाने में, विमुख होने का प्रयास है और भारत की गरिमा व प्रतिष्ठा को घटाने का कृत्य है।"

यही नहीं, उनके अनुसार, "इस तरह के विचार भारत के उच्चादर्शों तथा प्रतिष्ठापूर्ण कुम्भ को घटाने का कार्य है; यह उस दासतापूर्ण मानसिकता को पुनर्जीवित करने का प्रयास है, जिसकी समाप्ति के लिए भारत ने सतत संघर्ष किया। इसलिए आवश्यक है कि इस तरह के दृष्टिकोण को समाप्त किया जाए। भारत संसार को आर्थिक स्वतंत्रता के मामले में नेतृत्व प्रदान करे। हम इस मामले में अपने को पीछे नहीं रख सकते हैं। फिर आज का समय ऐसा है कि किसी भी आर्थिक घटना का प्रभाव, न्यूनाधिक, सब पर पड़ता है; भारत जैसे विकासशील देश पर तो

कुछ अधिक ही पड़ता है। इसलिए भी भारत का उत्तरदायित्व इस दिशा में बढ़ जाता है। चूँकि हम अपने को सुदृढ़ देश के रूप में स्थापित करने हेतु कठिन संघर्ष कर रहे हैं; हम दूसरों की भी समान रूप से मजबूती चाहते हैं, इसलिए आर्थिक क्षेत्र में औपनिवेशिक तथा साम्राज्यवादी सोच व पद्धति के विरुद्ध हमें आगे आना होगा व इसकी समाप्ति के लिए सबको साथ लेकर चलना होगा।"

उपनिवेशवाद तथा साम्राज्यवाद के मूल में ही आर्थिक हित रहे हैं; सारी दुनिया इस सत्यता से परिचित है। अब दुनिया के लगभग सभी देश राजनीतिक दृष्टि से स्वतंत्र हैं; लेकिन आर्थिक दृष्टिकोण से बहुत सारे देश सम्पन्न राष्ट्रों पर निर्भर हैं। यह सम्पन्न देशों की सर्वोच्चता का आधार है।[1] इसलिए जब तक आर्थिक परतंत्रता समाप्त नहीं होती, आर्थिक उपनिवेशवाद तथा साम्राज्यवाद का खात्मा नहीं होता, तब तक सच्ची व

"आज भारत 1979 का भारत नहीं है। उस समय हमारी आवाज़ ही नहीं सुनी जाती थी। आज हम बोलते हैं, दुनिया हमें सुनती है। भारत की आवाज़ पर ध्यान दिया जाता है। हमें इस दिशा में और आगे बढ़ना है; सही नीतियों को अपनाते हुए देश को सुदृढ़ बनाना है।"

वास्तविक स्वतंत्रता की कल्पना नहीं की जा सकती। यह विश्व के समक्ष, जैसा कि पहले ही कहा जा चुका है, एक गम्भीर चुनौती है। इसका सामना सामूहिक रूप से, निर्पेक्षता से एवं उत्तरदायित्व की भावना से ही किया जा सकता है। इस सम्बन्ध में राजीव गाँधी का आह्वान न केवल विचारणीय है, अपितु वह कल्याणकारी है; विशेषरूप में उनके निम्नलिखित शब्द तो पूर्णत: स्वीकार किए जाने योग्य हैं:

"सुदृढ़ता[2], विकासशील और उन देशों, जिन्होंने नयी-नयी स्वतंत्रता पायी है, के लिए आवश्यक है। राजनीतिक स्वतंत्रता के साथ ही यदि

आर्थिक सम्पन्नता हासिल नहीं की गयी और आर्थिक उपनिवेश रूपी जुए

> **"अर्थशास्त्र महत्त्वपूर्ण है; लेकिन मानव-आत्मा उससे कहीं अधिक महत्त्वपूर्ण है। विश्व की महानतम विरासत के वारिस होने पर हमें गौरव है, और हमारी विरासत अर्थ की अपेक्षा मानवता को कहीं अधिक ऊँचा मानती है।"**

को कन्धे से न उतारा गया, तो जो कुछ हासिल किया है, वह भी जाता रहेगा। दूसरे शब्दों में, स्वतंत्रता बेमाने होकर रह जाएगी।"

❖❖❖

1. इसमें शोषण है; इसमें दूसरों के श्रम से अपने को सींचने की प्रवृत्ति है, तथा इसमें अपने को सम्पन्न करने का भाव है।

2. आर्थिक क्षेत्र में।

(ख)

अस्तित्व के आधारः प्रतिष्ठा और स्वाधीनता

दुनिया भर में आए दिन मानवीय प्रतिष्ठा की अन्देखी होती है, व्यक्तियों के अधिकारों का हनन होता है, लेकिन तब भी सत्यता यही है कि हमारे अस्तित्व के प्रमुख आधारों में व्यक्ति की स्वतंत्रता और प्रतिष्ठा सर्वोच्च स्थान पर है। कितना अच्छा हो यदि मानवीय प्रतिष्ठा और स्वतंत्रता के मूल्य को सभी समझें और इनका आदर करें! यह कार्य सरल न भी हो, लेकिन विश्व स्तर से यदि इस दिशा में कदम बढ़ाए जाएँ तो कदाचित् यह अत्यन्त ही बुद्धिमत्तापूर्ण कार्य होगा; श्रेष्ठ विश्व-व्यवस्था और समृद्धि का मार्ग इससे खुलेगा। राजीव गाँधी ने इसीलिए "अपनी स्वतंत्रता की सुनिश्चितता के साथ-साथ सहकारी विश्व-व्यवस्था" की बात की थी। इस हेतु उन्होंने "संयुक्त राष्ट्रसंघ और इसके सिद्धान्तों के प्रति प्रतिबद्धता" दोहरायी थी और "इसके निरन्तर सुदृढ़, निष्पक्ष और कारगर होने की कामना" की थी। विशेष रूप से उल्लेख करते हुए उन्होंने यह भी कहा था:

"अव्यवस्था सम्बन्धी वे संकेत, जिसमें कुछ मजबूत व शक्ति-सम्पन्न राष्ट्र अपने आर्थिक और सैन्य हितों के लिए अन्तर्राष्ट्रीय संगठनों के ढाँचे को ही बदलने के प्रयास में हैं, अच्छे नहीं हैं। इस तरह के प्रयासों से अस्तित्व पर प्रश्नचिह्न लगता है, मनुष्य की प्रतिष्ठा दाँव पर लगती है और स्वाधीनता पर आँच आती है।"

मानव-जाति एक है। सभी मनुष्य एक समान हैं। अब समय है जब स्थानीय परिस्थितियों के अनुसार दैनिक कार्य-कलापों में विभिन्नताओं के बावजूद मानवीय एकता को व्यावहारिक रूप देना अपरिहार्य है। कोई चाहे या न चाहे, यह तो होना ही है। भाषाएँ अलग-अलग हो सकती हैं। वर्णभेद हो सकते हैं। वेशभूषाएँ भिन्न-भिन्न हो सकती हैं। खान-पान में अन्तर हो सकते हैं। लेकिन परस्पर निर्भरता दिनों-दिन बढ़ रही है; यह और आगे जाएगी। "वसुधैव-कुटुम्बकम्" की प्राचीनकाल से चली आ रही

अवधारणा वास्तविक हो रही है। ऐसे में प्रत्येक की स्वतंत्रता का आदर,

"घृणित विडम्बना यह है कि कुछ देश, जो स्वयं भी आतंकवाद की चपेट में हैं, दूसरे देशों में आतंक का वातावरण बनाने में संलग्न हैं; वे स्वयं अपनी धरती से या दूसरे स्थानों से आतंकवादियों को उकसाते हैं। यह काम बन्द होना चाहिए और सभी राष्ट्रों को इसमें एकजुटता प्रकट करनी चाहिए; इस हेतु एक अन्तर्राष्ट्रीय सहमति और उस सहमति पर आधारित कार्य-योजना बनायी जानी चाहिए।"

दूसरे शब्दों में मानवीय प्रतिष्ठा का सम्मान, न केवल एक का ही, अपितु सबका समान रूप में कर्तव्य और उत्तरदायित्व है। इस कर्तव्य तथा उत्तरदायित्व से कोई व्यक्ति या राष्ट्र अपने को अलग नहीं कर सकता है।

"हमारे पास विभिन्न धर्म हैं; विभिन्न क्षेत्र हैं और विभिन्न भाषाएँ हैं। हमारे पास जनजातियाँ हैं; पिछड़े व अल्पसंख्यक वर्ग हैं, गरीब हैं और धनी भी हैं। हमारे पास साधनविहीन व साधन सम्पन्न हैं। हम इनमें, जाने-अनजाने, यह भावना उत्पन्न कर सकते हैं कि वे पृथक-पृथक हैं, लेकिन हम इन सबको मुख्य धारा में लाकर यह अनुभव भी करा सकते हैं कि सभी एक हैं और सभी एक ही विरासत के हकदार हैं।"

मानवीय एकता चूँकि तीव्रता से और अन्तर्राष्ट्रीय स्तर से प्रकट हो रही है, इसके बल पर एक नई सभ्यता उदित हो रही है, तथा फल-फूल रही है, इसलिए आवश्यक है कि इसे सही दिशा भी मिले। इस हेतु श्रेष्ठ मार्ग, स्वयं स्वर्गीय राजीव गाँधी के शब्दों में, "अन्तर्राष्ट्रीय लोकतंत्र को साकार करना है और इसके लिए संयुक्त राष्ट्रसंघ की व्यवस्था को सुदृढ़ व व्यवहार में सर्वहितकारी बनाना है।"

सामुदायिक, सामाजिक, राष्ट्रीय और अन्तर्राष्ट्रीय स्तर पर समस्त वैचारिक मतभेदों का अन्त होगा, यह संभव नहीं है। सैद्धान्तिक भिन्नताएँ पूर्णतः समाप्त हो जाएँगी, इस तरह की बात भी असंभव है। वैचारिक मतभेदों और सैद्धान्तिक भिन्नताओं के मूल में होने वाले कारक परिस्थितिजन्य होते हैं; उन पर स्थान व समय का निश्चित प्रभाव होता है। इसलिए इनसे विचलित हुए बिना "अन्तर्राष्ट्रीय व्यवस्था, जो व्यापक लोकतंत्र को समर्पित हो तथा न्याय, स्वतंत्रता और मानवीय गरिमा जिसमें सर्वोपरि हो, के निर्माणार्थ निरन्तर आगे बढ़ना समय की पुकार है; सुनहरे और सुरक्षित अस्तित्व की प्रत्याभूति है," राजीव गाँधी का ऐसा मानना पूर्णतः सारमय है। आइए! इस दिशा में आगे बढ़ें; जो अपरिहार्य है, उसे सही दिशा में ही साकार करने के लिए अपना योगदान दें।

❖❖❖

(ग)

अन्तर्राष्ट्रीय व्यवस्था और संयुक्त उत्तरदायित्व

अन्तर्राष्ट्रीयतावाद अथवा अन्तर्राष्ट्रीय व्यवस्था का निर्माण क्या किसी एक देश अथवा कुछेक देशों द्वारा किया जाना संभव है? क्या एक पक्षीय रूप में भय और शक्ति के आधार पर कोई राष्ट्र या राष्ट्र-समूह अन्तर्राष्ट्रीयतावाद की स्थापना कर सकता है? कदापि नहीं। कोई एक देश या कुछेक देश ऐसा नहीं कर सकते हैं; शक्ति के बल पर या भय का वातावरण बनाकर वे ऐसा करना चाहें, तो सफल नहीं हो सकते हैं। ऐसा इसलिए, क्योंकि अन्तर्राष्ट्रीयतावाद या अन्तर्राष्ट्रीय व्यवस्था की स्थापना शक्ति या भय के माध्यम से नहीं, स्वेच्छा व सहयोग के आधार पर हो सकती है; सहयोग भी सबका चाहिए, किसी को भी इस प्रक्रिया से पृथक करना इसका अधूरापन माना जाएगा। इसलिए वर्षों से कहा जाता रहा है कि अन्तर्राष्ट्रीयतावाद एवं अन्तर्राष्ट्रीय व्यवस्था के सम्बन्ध में सबको समान रूप से आगे आना चाहिए, सबको इसमें भागीदारी करनी चाहिए तथा इस कार्य को अपना उत्तरदायित्व मानना चाहिए।

अन्तर्राष्ट्रीयतावाद और अन्तर्राष्ट्रीय व्यवस्था बहुत बड़ी अवधारणा है और यदि इसके लिए कार्य करना हो तो बहुत बड़ी सीमा तक ईमानदारी

और निष्पक्षता की आवश्यकता होगी; सामूहिक कार्य व सहयोग इस हेतु अपरिहार्य होगा तथा, जैसा कि पहले ही कहा है, सभी राष्ट्रों को उत्तरदायित्व की भावना से इसके लिए काम करना होगा। कोई कार्य प्रारम्भ किया जाता है तो उसमें सरलतापूर्वक सफलता नहीं मिलती, भले ही कार्य

"यह कहा जाता है कि जनसंख्या हमारी बहुत बड़ी समस्या है। यदि हम 75 करोड़ नहीं होते तो हम तीव्रता से विकास करते। यह सही हो सकता है; लेकिन अब तो हम 75 करोड़ ही हैं। इसलिए हमें इस जनसंख्या को अपनी शक्ति बनाना चाहिए, न कि कमजोरी। अपनी मानवीय शक्ति को इस तरह प्रयोग करना चाहिए कि वह हमारे तीव्र विकास में सहायक सिद्ध हो सके। एकताबद्ध हो जाइए, शक्ति को उन्नति में लगाइए। यदि 75 करोड़ लोग अपने पैरों पर खड़े हो गए, भारत ऐसा देश बनकर सामने आएगा जिसे दुनिया में कोई भी चुनौती न दे सकेगा।"

छोटा हो; फिर अन्तर्राष्ट्रीय व्यवस्था जैसे बड़े कार्य में भागीरथ-प्रयास करने के बावजूद बड़े-बड़े अवरोध आपेक्षित होते हैं। ऐसे में अवरोधों व

बाधाओं को हटाने में सर्वसहयोग और भी अधिक आवश्यक हो जाता है। राजीव गाँधी ने इसीलिए स्पष्ट आह्वान किया था:

"वर्तमान व्यवस्था[1] से कमियों[2] को दूर करते हुए अपनी पूरी शक्ति विश्व को एक बनाने में लगानी होगी। अन्तर्राष्ट्रीय व्यवस्था अब अपरिहार्य है; वह आवश्यक है। कोई घटना घटे, वह किसी भी तरह की हो, उससे होने वाली हानि, अथवा उसके प्रभाव से कोई बच नहीं सकना है। प्रत्येक देश पर, वह छोटा हो या बड़ा, घटना वाले देश के वह निकट हो या दूर, घटनाक्रम का प्रभाव पड़ता ही है। ऐसे में अन्तर्राष्ट्रीय व्यवस्था और वास्तविक अन्तर्राष्ट्रीयतावाद के महत्त्व को सहज ही समस्या समझा जा सकता है।"

विशेष रूप से परिवर्तित परिस्थितियों में, जिसमें नित-निरन्तर विकास को नए आयाम मिले, विज्ञान, तकनीकी और दूसरे क्षेत्रों में प्रगति हुई, परमाणु क्षमताएँ प्राप्त की गयीं, अन्तर्राष्ट्रीय व्यवस्था की सुदृढ़ता पर राजीव गाँधी ने विशेष बल दिया। कारण, जाने-अनजाने में कोई घटना घटित हो जाए, कोई गलती हो जाए, उसका अन्यों पर तत्काल प्रभाव पड़े, तो उससे वातावरण को बिगड़ते देर नहीं लगेगी; छोटी-सी घटना ही भीषण

"सहनशीलता, शान्ति और करुणा का बुद्ध का सन्देश सदा ही प्रासंगिक है; आज विश्व को बुद्ध के सन्देश को आत्मसात करने की सबसे अधिक आवश्यकता है। विशेष रूप में, जब प्रतिदिन करोड़ों डॉलर घातक-विनाशकारी अस्त्रों-शस्त्रों के निर्माण पर व्यय किए जा रहे हैं; और मानवता को खतरा दिन-प्रतिदिन बढ़ रहा है, तो ऐसे में बुद्ध का सन्देश और अधिक महत्त्वपूर्ण तथा ग्राह्य हो जाता है।"

युद्ध का कारण बन सकती है। लेकिन आपसी सहयोग, सहमति व समझ पर आधारित या निर्मित अन्तर्राष्ट्रीय व्यवस्था, दूसरे शब्दों में अन्तर्राष्ट्रीयतावाद, जिसमें उत्तरदायित्व की भावना का पूरा-पूरा समावेश हो, किसी विनाशकारी कदम या गतिविधि पर अंकुश लगा सकेगी;

सहयोग और सहअस्तित्व को सुनिश्चित कर सकेगी। राजीव गाँधी के ही शब्दों में:

"आज की परिस्थितियों में, दुनिया के किसी भी भाग से एक बटन दबाया जाए तो वह भारत को भारी हानि पहुँचा सकता है। कुछ ही क्षणों में जीवन का अन्त हो सकता है। इसलिए हमें आवाज़ उठानी है, हमें भारी खतरे को समझना है, हम जिस बिन्दु पर ध्यान नहीं दे रहे हैं, उस पर पर्याप्त ध्यान देना है।"

भारत सदियों से शान्तिप्रिय देश रहा है। विश्व-शान्ति के निर्माणार्थ, स्वयं बलिदान करके और स्वयं हानि उठाकर भी, भारत ने इस काम में सदा अग्रणी भूमिका निभायी है। राजीव गाँधी पुनः भारत की पहल और भूमिका के प्रति कटिबद्ध थे और दुनिया उत्तरदायित्वपूर्ण अन्तर्राष्ट्रीय व्यवस्था के निर्माणार्थ आगे आए, उससे पूर्व, "भारत शान्ति का ध्वज स्वयं ऊँचा करे; पड़ोसी देशों के साथ शान्ति के वातावरण का निर्माण करता हुआ, इस दिशा में वह आगे बढ़े।" यही था उनका आह्वान, जो पूर्णतः सार्थक है और आगे भी सार्थक रहेगा।

❖❖❖

---

1. अन्तर्राष्ट्रीय।
2. प्रतिबद्धता का अभाव, अनुत्तरदायित्व, संकीर्णता आदि।
3. उत्तरदायित्वपूर्ण अन्तर्राष्ट्रीय व्यवस्था हेतु।

(घ)

शक्ति-सन्तुलन बनाम शान्तिमय सहअस्तित्व

शक्ति–सन्तुलन को माध्यम बनाकर दुनिया में शान्ति स्थापना की बात करने वालों की चुटकी लेते हुए राजीव गाँधी ने कहा था कि यह वास्तव में सबकी बराबरी की बात करने वाला सिद्धान्त नहीं है। एक समय ऐसा था जब शक्ति–सन्तुलन की बात कुछ समझ में आ सकती थी, लेकिन वर्तमान समय में तो यह समझ से बाहर है; शान्ति स्थापना इसके माध्यम से हो सकती है, जो ऐसा सोचते हैं, वे वास्तव में नासमझ हैं।

"भारतीय दर्शन अनेकता को मानता है, प्रत्येक छोटे से लेकर बड़े क्षेत्र तक, अनेकता का सिद्धान्त इसकी मूल विशेषता है। यही अनेकता वास्तव में इसकी एकता का निर्माण करती है और हमें शक्ति देती है। भारत इस अनेकता से उत्पन्न पारस्परिक प्रभाव, तन्मयता और विकास का स्वागत करता है; यही वह तत्त्व है जो आज भी हमें बल प्रदान करता है।"

शक्ति–सन्तुलन की वास्तविकता का खुलासा करते हुए राजीव गाँधी ने कहा:

"वास्तव में शक्ति-सन्तुलन का अर्थ है टकराव, शत्रुता और राष्ट्रों के मध्य इन दोनों के आधार पर सम्बन्धों की स्थापना। दूसरे शब्दों में, टकराव और शत्रुता वे स्वाभाविक शर्तें और मूल तत्त्व होते हैं, जिन पर राष्ट्रों के सम्बन्ध टिके होते हैं। यही नहीं, इसमें आधिपत्य स्थापित करने की सतत खोज होती है, वह खोज जो सैद्धान्तिक रूप में इसके लिए आवश्यक है तथा उससे यह सिद्धान्त पृथक हो ही नहीं सकता है। इसमें वह भावना है कि यदि आप अपनी पहरेदारी में थोड़ी-सी ढिलायी भी करेंगे, तो शत्रु आप

पर आक्रमण कर देगा। सशस्त्र बल व उनकी शक्ति इस सिद्धान्त का गम्भीर परन्तु आवश्यक भाग है। शक्ति-सन्तुलन में निश्चित रूप से सशस्त्र बल सुरक्षा की प्रत्याभूति देते हैं और वे ही इसकी स्थापना भी करते हैं।"

अब जिस सिद्धान्त का आधार शक्ति और बल हो, जिसके मूल में टकराव और शत्रुता हो और जिसमें आधिपत्य स्थापित करने की भावना प्रमुख हो, वह सिद्धान्त किसी भी रूप में शान्ति का मार्ग प्रशस्त नहीं कर सकता है। राजीव गाँधी इसीलिए अपने कथन में सही थे। फिर उनका यह मानना कि "आज शक्ति-सन्तुलन चूँकि पहले से भी कहीं अधिक घातक

हथियारों पर आधारित हो गया है, नई तकनीकी आ जाने के साथ ही हथियारों की प्रहारक क्षमता बहुत बढ़ गयी है; बहुत कम समय में इनका प्रयोग किया जा सकता है, ऐसे में इन पर आधारित सिद्धान्त भी अपेक्षाकृत अधिक घातक हो गया है," बिना किसी संशय के सही है।

"हम चिन्ताग्रस्त और तनावपूर्ण समय में रह रहे हैं; हम संघर्षों व शत्रुता के युग में हैं। हमारे समय की बड़ी चिन्ता परमाणु शक्तियों के मध्य टकराव है। इस चिन्ता से मुक्ति पाने का सबसे कारगर उपाय शान्ति बलों का विस्तार और सहयोग की नीति का विस्तार है।"

राजीव ने तो वस्तु-स्थिति प्रकट करते हुए यहाँ तक कहा, "यूरोप में, जहाँ मिसाइलें आमने-सामने तैनात हैं, वहाँ मिसाइलों को दागने और उनके द्वारा किए जाने वाले विनाश के बीच एक मिनट से भी कम का समय लगेगा। पश्चिमी जर्मनी से मास्को तक केवल साढ़े छः मिनट का ही समय लगेगा।" और, "इतना समय किसी निर्णय के लिए अथवा स्थिति का अनुमान तक लगाने के लिए क्या पर्याप्त होगा? राजनीतिक प्रक्रिया, जो हमारे जनतंत्रों का आधार है, से गुजरते हुए कोई प्रस्ताव क्या इस अपर्याप्त व सूक्ष्म समयावधि में दिया जा सकता है? नहीं।" यही नहीं, इतना कम समय तो "वास्तव में हुआ क्या? यह अनुमान लगाने के लिए भी पर्याप्त नहीं हो सकता। यह स्पष्ट नहीं कर सकता कि वास्तव में आक्रमण हुआ है या कोई आन्तरिक-बाह्य गलती हो गयी है।"

यही है स्थिति, और यही है शस्त्रों के बल पर स्थापित शक्ति-सन्तुलन के सिद्धान्त की वास्तविकता। शान्ति की स्थापना इससे कदापि नहीं हो सकती। हाँ, इसका विकल्प है। वह यह कि संसार पंचशील के आधार पर विश्वास करे और शान्तिपूर्ण सहअस्तित्व के सिद्धान्त को

स्वीकार कर ले। इसमें, स्वयं राजीव गाँधी के शब्दों में, "साथ-साथ रहना, एक-दूसरे को समझना और सहअस्तित्व को मान्यता देना, व उसका सम्मान करना सम्मिलित है।"

"क्या ऐसा हो पाना संभव है? यदि हाँ तो उसमें किसकी कितनी भूमिका हो सकती है?," जब उनसे यह पूछा गया तो राजीव गाँधी ने अति सुन्दर शब्दों में सच्चाईपूर्वक कहा:

"संभव और असंभव, दोनों स्थितियों को स्थापित करने वाले हम ही हैं; विश्व के देश ही हैं। हाँ, यह सही है कि सहअस्तित्व के सिद्धान्त और उसके व्यवहार के साथ ही हम शान्ति की कल्पना कर सकते हैं, इसकी प्रक्रिया को आगे बढ़ा सकते हैं। दुनिया के राष्ट्र इस वास्तविकता को समझ लें और दो देशों या दो राष्ट्रों के समूहों के मध्य शक्ति-सन्तुलन से सुरक्षा व शान्ति की कल्पना का परित्याग कर दें। यह इसलिए भी आवश्यक है क्योंकि वाह्य प्रत्याभूति और सुरक्षा सदा ही शान्ति को भंग करने वाली होती है। आप जितना भी सहअस्तित्व के सिद्धान्त को मानते हैं, उतने ही शान्ति के निकट जाते हैं; जिस बड़ी सीमा तक शक्ति-सन्तुलन के सिद्धान्त में आप विश्वास रखते हैं, उतने ही अशान्ति के मार्ग पर बढ़ते हैं। यही सच्चाई है।"

राजीव गाँधी ने शत-प्रतिशत सही बात की तथा शक्ति-सन्तुलन और शान्तिमय सहअस्तिव के सिद्धान्त का वास्तविक रूप से खुलासा किया। दो महाशक्तियों के मध्य के शक्ति-सन्तुलन अथवा राष्ट्रों के दो समूहों के शस्त्रों के बल पर स्थापित हुए संगठनों ने संसार के देशों को जितनी शान्ति दी, यह सब हमारे सामने है। इसलिए यदि हम स्थिति व घटनाक्रम को निष्पक्ष दृष्टि से देखते हैं तो पाते हैं कि राजीव की पुकार अनुकरणीय है;

हमारे लिए इस सन्दर्भ में उनका सन्देश ग्राह्य है। विशेष रूप से वह ग्राह्य इसलिए भी है कि शान्ति कोई बातमात्र ही नहीं है। शान्ति अनुभव किए जाने का विषय है। शान्ति के लिए अनुकूल परिस्थितियों का निर्माण अवश्यम्भावी है। इसके लिए वातावरण का निर्माण आवश्यक है। ऐसा नहीं कि हम शान्ति का दम भरें और हमारे निकट का वातावरण अशान्त हो। शान्त परिस्थितियों और शान्ति के वातावरण के लिए वास्तव में आवश्यक है अन्यों के जीवन और अनके अस्तित्व की कामना, उनका आदर और उनकी भी समान रूप से सुरक्षा। ऐसा तभी हो सकता है जब सिद्धान्त और व्यवहार में सहअस्तित्व को अंगीकार कर लिया जाए। इसीलिए मैंने कहा है कि राजीव गाँधी के इस सन्दर्भ में विचार पूर्णतः ग्राह्य हैं, और वे अनुकरणीय भी हैं।

❖❖❖

(ङ)

अहिंसा आधारित विश्व-व्यवस्था

"अहिंसा में सत्य है; दूसरे शब्दों में अहिंसा सत्य की परिधि में है और सहनशीलता व करुणा पूर्णत: इससे जुड़ी हुई हैं। यह सहअस्तित्व और विभिन्नताओं में भी मानवीय एकता का आह्वान करती है, इसलिए वही विश्व-व्यवस्था समान रूप से कल्याणकारी सिद्ध हो सकती है जो अहिंसा पर आधारित हो।" राजीव गाँधी ने बुडापेस्ट में[1] ये विचार व्यक्त किए थे और उस धरती से पूरे विश्व का आह्वान किया था कि शनैः-शनैः विश्वास और सहयोग का वातावरण निर्मित किया जाए; विश्वसनीयता को स्थायित्व प्रदान किया जाए एवं शान्ति और प्रगति को सुनिश्चित किया जाए।

क्या अहिंसा पर आधारित ऐसी विश्व-व्यवस्था की स्थापना, जिसमें सभी को समान भाव से देखते हुए विश्वास और सहयोग का वातावरण हो, संभव है ? क्या वे राष्ट्र, जो लोकतंत्रात्मक पद्धति में ही विश्वास नहीं रखते हैं, अथवा जो जनतंत्र को स्वीकार करने के बाद भी अपने राष्ट्रीय हितों के नाम पर हिंसा का सहारा लेते हैं, सहयोग और विश्वास के वातावरण के निर्माणार्थ योगदान दे सकेंगे? इस प्रकार के वास्तविक और गम्भीर प्रश्नों

को ध्यान में रखते हुए राजीव गाँधी ने यह आह्वान भी किया था कि अहिंसा पर आधारित विश्व-व्यवस्था के निर्माणार्थ आगे बढ़ते हुए अवरोधों, कठिनाइयों और कष्टों से घबराकर पड़ाव नहीं डाल देना चाहिए।

इस दिशा में कार्य करते ही रहना चाहिए। इस सम्बन्ध में विशेष रूप से उन्होंने उदाहरण देते हुए कहा था, "न्याय पाने के लिए और स्वतंत्रता हासिल करने के लिए बड़े-बड़े बलिदान देने होते हैं। भारत को ही इसके लिए लम्बा संघर्ष करना पड़ा; भारतीयों को बड़े बलिदान करने पड़े। लेकिन समस्त दुखों व कठिनाइयों को सहते हुए, वैचारिक मतभेदों की उपस्थिति में एक ध्येय निर्धारित करके भारतवासी लक्ष्य को प्राप्त करने में सफल

हुए। भारतीयों ने लक्ष्य प्राप्ति हेतु जो साधन अपनाया, या जो मार्ग चुना वह था अहिंसा का। अहिंसा कल्याणकारी है और व्यवस्था को सुदृढ़ता प्रदान करने का श्रेष्ठतम साधन भी है। भारत दुनिया के समक्ष इस सच्चाई का सजीव उदाहरण है। यदि भारत के उदाहरण को सामने रखकर दृढ़तापूर्वक कार्य किया जाए, तो तमाम अवरोधों और विरोधों के बावजूद विश्व स्तर पर अहिंसक व्यवस्था के निर्माणार्थ आशातीत सफलता प्राप्त होनी संभव है।"

इस वास्तविकता से कोई मना नहीं कर सकता कि गम्भीरतापूर्वक किए गए प्रयासों, भले ही वे बड़े और विश्वव्यापी स्तर पर परिवर्तन के सम्बन्ध में ही हों, अथवा वे सहयोग और विश्वास जैसे मूल्यों के साथ अहिंसक व्यवस्था की स्थापना के लिए हों, का देर-सवेर और न्यूनाधिक सफल होना आवश्यक होता है। सम्पूर्ण मानव इतिहास भी स्वयं इस सत्यता का प्रमाण है। यद्यपि अहिंसक व्यवस्था की स्थापना का आह्वान प्राचीनकाल से ही है, भारत का 'वसुधैव कुटुम्बकम्' का सन्देश इसी दिशा का बोध कराने वाला है, लेकिन अहिंसा पर आधारित विश्व-व्यवस्था की संभावनाएँ अब पूर्व से कहीं अधिक हैं। विकास के नित नए आयाम और संसार भर के लोगों में बढ़ती निकटता इस तरह की संभावनाओं को साकार

"राजनीतिक और आर्थिक वातावरण को विकास की प्रक्रिया से पृथक नहीं किया जा सकता है; तनाव और संघर्ष के वातावरण में सुदृढ़, विकसित और कल्याणकारी विश्व-व्यवस्था की स्थापना नहीं हो सकती है। श्रेष्ठ विश्व-व्यवस्था स्थापित करनी हो, तो उसका आधार अहिंसा ही हो सकती है, कुछ और नहीं।"

करने में बहुत सक्षम है। यदि दृढ़ता के साथ और निरन्तर प्रयास करके दुनिया के लोगों तक यह सत्यता पहुँचा दी जाए कि अपरिहार्य विकास की प्रक्रिया तनाव रहित और संघर्ष रहित वातावरण में कई गुनी अधिक फलती-फूलती है, और संसार के लोग इसे अंगीकार कर लें, तो विश्वव्यापी अहिंसक व्यवस्था की स्थापना होगी ही। स्व० राजीव गाँधी का आह्वान इसलिए ग्राह्य है और पूर्णत: मानवीयता को समर्पित भी है।

❖❖❖

1. जून, 1998 में।

(च)

जनतांत्रिक सोच और विश्व-शान्ति

विश्व-शान्ति के मार्ग में एक बड़ी बाधा, व्यक्तिगत व राष्ट्रीय, दोनों स्तरों पर, जनतांत्रिक सोच का अभाव है। जनतांत्रिक सोच का दायरा बहुत ही विस्तृत है; दूसरे शब्दों में अन्यों के मत और अस्तित्व की स्वीकारोक्ति इस सोच से जुड़ी है। लेकिन इस सत्यता को जानते हुए कि हमारा अस्तित्व तभी सुरक्षित रह सकता है, जब दूसरों के अस्तित्व और जीवन-मार्ग को भी

> **"मानवीय स्वभाव में परिवर्तन अपरिहार्य हैं। नयी चुनौतियाँ आती हैं; इसलिए नए अवसर ढूँढ़ने चाहिएँ। निरन्तर परिवर्तनों के मध्य से गुजरते हुए मानव के कल्याण की ओर बढ़ना और एकजुटता प्रदर्शित करना निश्चिततः शान्ति की ओर कदम है।"**

हम सुनिश्चितता प्रदान करें, हम व्यावहारिक रूप में इस वास्तविकता को स्वीकार नहीं करते हैं; दूसरों के विकास के मार्ग को अवरुद्ध करने का निरन्तर प्रयास करते हुए, अपनी उन्नति व प्रगति की कामना हम करते हैं। इस प्रक्रिया में हम इतना आगे बढ़ जाते हैं कि परमाणु-शक्ति का विकास

करके उसे भयभीत करने का साधन बनाते हैं; हम अपने हितों को साधने का काम करते हैं। यही जनतांत्रिक सोच का अभाव है और इस अभाव के चलते विश्व-शान्ति मात्र कल्पना ही हो सकती है, वह वास्तविकता में परिवर्तित नहीं हो सकती है। राजीव गाँधी ने इसीलिए कहा था:

"सहमति से ही परिवर्तन हो सकता है; एक-दूसरे के मत का आदर करने के लिए वार्ताक्रम आवश्यक है। इसी से मूल्याधारित सोच

पनपती है, जनतांत्रिक भाव विकसित होता है। विपरीत इसके, शक्ति-प्रदर्शन, परमाणु हथियार या सैन्य बल कोई स्थायी या सकारात्मक हल प्रदान करने में सक्षम नहीं हो सकते हैं। वियाना सम्मेलन के बाद हुए दो विश्व-युद्ध, शक्ति-सन्तुलन की वास्तविकता और शीत-युद्ध सहित कुछ और घटनाक्रम सारी सच्चाई को हमारे सामने प्रकट करते हैं। यदि शान्ति और अस्तित्व को वास्तव में हम चाहते हैं, तो हमें दूसरी व्यवस्था की परिधि में आना होगा; हमें जनतांत्रिक सोच को व्यापकता प्रदान करनी ही होगी।"

कोई ऐसी व्यवस्था, जो आधिपत्य को मूल में रखती हो, विश्व में शान्ति को कदापि स्थापित नहीं कर सकती है। कोई विचार, जो दूसरों के प्रयोग पर आधार रखता हो या अन्यों की कीमत पर अपना हित साधने को आधार बनाता हो, विश्व-शान्ति के लिए कोई योगदान नहीं कर सकता है। दूसरों को भी विकास करने का अवसर देने का विचार, जैसा कि स्वयं राजीव गाँधी की मान्यता है, और दूसरों की भावनाओं, विचारों व मूल्यों की अनदेखी न करना ही इस प्रक्रिया में श्रेयस्कर हो सकता है। यह शान्ति के लिए शुभ परिणामकारी कदम हो सकता है। सभ्यता, जिसके मूलाधार यद्यपि सभी जगह समान हैं, भले ही उसके विकास को परिस्थितियाँ

> **"महिलाओं को बड़ी भूमिका का निर्वाह करना है। संसार की कुल जनसंख्या में आधी महिलाएँ हैं; कदाचित् वे, तो भी, एक दबा-कुचला वर्ग हैं। उन्हें, उनके ढंग से विकसित होने का वह अवसर नहीं मिलता है, जो मिलना चाहिए। उन्हें अवसर दिए जाएँ, उनकी आवाज़ सुनी जाए और उन्हें समान रूप से सुदृढ़ किया जाए। शान्ति की स्थापना के लिए ऐसा किया जाना परमावश्यक है।"**

देशकाल के अनुसार भिन्न-भिन्न हैं, इस दिशा में बहुत ही सहायक सिद्ध हो सकती है, लेकिन शर्त यह है कि सभ्यता की विभिन्नताओं को एकता के सूत्र में पिरोकर उसका आदर किया जाए, उसका संरक्षण एवं पोषण किया जाए। साथ ही, इस दिशा में सांस्कृतिक एकता के लिए कोई कसर बाकी न छोड़ी जाए; और इस प्रकार मानवीय एकता को सिद्ध किया जाए, उसके प्रति प्रतिबद्धता व्यक्त की जाए। राजीव गाँधी के शब्दों में:

"अपने संसार में हमें सभ्यता की विभिन्नताओं को एकताबद्ध होकर स्वीकारना चाहिए; सांस्कृतिक विभिन्नताओं का स्वागत करना चाहिए और ऐसा करते समय एकता प्रकट करनी चाहिए। ऐसा करने से सभ्यता और

विकास को गति मिलेगी, मजबूती मिलेगी तथा अन्ततः 'मानवता एक है,' इस वास्तविकता की स्पष्टता प्राप्त होगी।"

समान विकास, संस्कृति और सभ्यता की गति में "कोई अवरोध नहीं है; जो बाधाएँ हमें दिखाई पड़ती हैं, वे केवल हमारी अपनी ही खड़ी की

"विश्व-व्यवस्था, विश्व-संगठन अथवा संस्था में दोष हों, तो उन्हें दूर करने का सतत प्रयास करना चाहिए, न कि व्यवस्था, संगठन या संस्था की समाप्ति के विषय में सोचना चाहिए। यही विकास और समृद्धि का मार्ग है, इसी से शान्ति का मार्ग खुलता है।

हुई हैं," राजीव गाँधी का यह मत था। इसीलिए उन्होंने विचारों में खुलेपन का, जो स्वयं प्रजातंत्र का मार्ग है, आह्वान किया और कहा:

"विचारों, सिद्धान्तों अथवा व्यवस्थापकों में संकीर्णता विश्व-शान्ति का आधार नहीं बन सकती। सभी को जीने का अधिकार है; अपने अनुसार, दूसरों के मार्ग की बाधा बने बिना, विकास करने का अधिकार है। यदि इस वास्तविकता को अन्तर्राष्ट्रीय अनुशासन के रूप में स्थापित कर दिया जाए, तो निःसन्देह विश्व स्तर पर नैतिकता बढ़ेगी और शान्ति का मार्ग प्रशस्त होगा।"

राजीव गाँधी के विचारों में वास्तविकता है। लेकिन यह हम पर है, हम कितना इनसे आत्मसात करते हैं।

❖❖❖

(छ)

समन्वयात्मक दृष्टिकोण पर आधारित विश्व

अपने उस काल से, जिसमें मानव जंगली अवस्था में था, आज तक मानव उन्नति के एक के बाद एक कीर्तिमान स्थापित करता आया है। आज अनेक ऐसी उपलब्धियाँ हमारे सामने हैं, जिनसे हम सहज ही आश्चर्यचकित हो जाते हैं; ये उपलब्धियाँ विकास के वे आयाम हैं, जिनके सम्बन्ध में पिछली पीढ़ी भविष्यवाणी तक नहीं कर सकती थी। आगे भी यह क्रम जारी रहने वाला है और विकास के जो पड़ाव भविष्य में दृष्टिगोचर होंगे या भावी पीढ़ियों के समक्ष आएँगे, उनके बारे में वर्तमान पीढ़ी पूर्णतः कुछ भी नहीं बता सकती है।

इस सम्बन्ध में जो महत्त्वपूर्ण बात है, वह यह कि उन्नति सहयोग पर आधारित प्रक्रिया है; ईर्ष्या और प्रतिस्पर्धा की उपस्थिति में भी एक साथ कार्य करने का परिणाम ही अभूतपूर्व विकास है। इसी सहयोग और मिलकर कार्य करने को समन्वय कहा जाता है। इस रूप में समन्वय मानव की एकता और अन्ततः उन्नति का आधार है। इस समन्वय को और अधिक

बढ़ाया जाए तथा "इस धरा के प्रत्येक निवासी तक अधिकाधिक संभव विकास पहुँच जाए, तो निश्चित रूप में उस विश्व-व्यवस्था का सपना

"चीन में कन्फ्यूशियस, ईरान में जरथुस्त्र और भारत में बुद्ध का जीवन और कार्य मानवता को सच्चे अर्थों में समझने, और समन्वयात्मक दृष्टिकोण को किसी भी काल, परिस्थिति और स्थान पर विकसित करने हेतु पूर्णतः सक्षम हैं। मुहम्मद साहेब का मनुष्यों में एकता व भाईचारे पर बल, ईसा का प्रेम व सेवा का सन्देश तथा गुरु नानक का मानव की समानता का आह्वान भी, इसी प्रकार, समन्वय और सर्वकल्याण को समर्पित सिद्धान्त हैं।"

साकार हो सकेगा जिसकी कल्पना हजारों वर्ष से की जाती रही है।" स्व० राजीव गाँधी का यह मानना था। उनका दृढ़ता से यह भी मानना था,

"जब सभी अपने को इनसान मानते हैं, जब सभी एक ग्रह पर रहते हैं, तो क्यों न वे वास्तव में एक ही परिवार के सदस्यों की भाँति व्यवहार करें तथा 'वसुधैव कुटुम्बकम्' को कल्पना ही का विषय न रहने दें!"

राष्ट्र विशेष के नागरिक की सीमा से आगे बढ़कर विश्व के नागरिक के रूप में प्रत्येक धरावासी अपने को प्रगति की प्रक्रिया से जोड़े तो

"भय, घृणा और हिंसा-वृत्ति ने विश्व को बाँटा है। मानव-जाति का सम्पूर्ण इतिहास इस वास्तविकता का साक्षी है। कल्याणकारी विश्व का निर्माण करना हो तथा इसे भय, घृणा और हिंसा से मुक्त करना हो, तो समन्वयात्मक दृष्टिकोण को निरन्तर विकसित करना होगा।"

आवश्यक होगा, "शनैः-शनैः लेकिन निरन्तर भय, साथ ही घृणा और भेदभाव को घटाते जाना," राजीव गाँधी का यह आह्वान था। इस सम्बन्ध में अपने एक विशेष व्याख्यान में उन्होंने कहा था:

"मानव-जाति, जो एक है, पूर्वाग्रहों, भेद-भावों, आधिपत्य और हिंसा के दायरे में इसलिए आती है क्योंकि उसमें जाने-अनजाने में नकली विभाजन कर दिए गए हैं। विभाजन संघर्षों को जन्म देते हैं। लेकिन मानव इतना बुद्धिमान है कि समस्त प्रकार की बाधाओं को दूर करके, समुदाय व राष्ट्र की सीमाओं से आगे बढ़कर उस स्तर तक जा सकता है, जो मनुष्यता की पराकाष्ठा कही जा सकती है। मानव भय को दूर करने में सक्षम है। वह जानता है कि जीवन का चक्र क्या है? जीवन किस प्रकार भय में रहता है और हिंसा में समाप्त हो जाता है? उसकी यही जानकारी बाधाओं को समाप्त करने का आधार है। जब मनुष्य जहरीले सर्पों से सुरक्षित होने की क्षमता रखता है, जब वह चीते व सिंह जैसे खूँखार जानवरों से पार पा सकता है, तो फिर उसके लिए भय का क्या कारण है? हाँ, मनुष्य-मनुष्य के मध्य का भेदभाव, घृणा और ईर्ष्या सभी प्रकार के भय से खतरनाक है,

लेकिन इन प्रवृत्तियों से छुटकारा उतना कठिन नहीं, जितना अन्य खूँखार जानवरों के आक्रमण से। प्रत्येक मनुष्य में मनुष्यता मौजूद है और यही मनुष्यता अस्तित्व की सुरक्षा, विकास तथा सर्वसमन्वय का मूलाधार है।

समन्वय को निरन्तर बढ़ाते हुए, इसे सुनिश्चित करते हुए, विश्वव्यापी व्यवस्था के निर्माणार्थ प्राचीनकाल से स्वीकृत मान्यताओं को दिशा-निर्देशों

"हम विश्वव्यापी दृष्टिकोण के प्रति समर्पित हैं। हम यह स्वीकार करते हैं कि भावी पीढ़ियों का कल्याण विश्वव्यापी दृष्टिकोण से और इस हेतु निर्मित वातावरण से हो सकता है। इस विश्वव्यापी दृष्टिकोण का सुदृढ़तम आधार वह समन्वय का सन्देश हो सकता है, जिसे हजारों वर्ष पूर्व से भारत के महान ऋषियों, पुरुषों, महात्माओं और अवतारों ने दिया है।"

के रूप में, देशकाल की परिस्थितियों में अंगीकार कर हम लाभान्वित हो सकते हैं, राजीव गाँधी ने यह तर्क रखा। इस सम्बन्ध में उन्होंने कहा:

"हमारे प्राचीन ऋषियों ने व्यक्तिगत जीवन में सदाचार और सामाजिक संगठन के लिए जो दिशा-निर्देश दिए, वे भय, घृणा और भेद को समाप्त कर समन्वय करने में अभी भी पूर्णतः सक्षम हैं; वे समन्वय के लाभ को स्पष्ट करने वाले हैं, श्रेष्ठता को एक से दूसरे तक पहुँचाने का मार्ग दिखाने वाले हैं। हमारी विभिन्नता में एकता का सिद्धान्त वास्तव में समन्वय का उच्च तथा श्रेष्ठ उदाहरण है। इसमें उच्च मूल्यों का समावेश है; आत्मविश्वास के साथ जुड़ने और एकाकार करने का आह्वान है। हमारे इस समन्वय के सिद्धान्त के साथ अन्यों को गले लगाने, उनकी श्रेष्ठता को भी स्वीकारने तथा सहनशीलता, करुणा और सहिष्णुता की परिधि में उनसे व्यवहार करने की बात अभिन्नतः जुड़ी है। हमारा समन्वय अन्ततः

अहिंसक जीवन-पद्धति का आह्वान है। यही जीवन-पद्धति विश्व को एकताबद्ध होकर सर्वकल्याण के मार्ग पर ले जाने में सक्षम है। विश्व इस पद्धति से आगे बढ़े, इस हेतु हम सभी को कार्य करना चाहिए।"

राजीव गाँधी अहिंसा पर आधारित नई विश्वस्तरीय सभ्यता के निर्माण का सपना सँजोए थे। इसमें विकास की गति बनी रहे, संसार के लोगों में

"भगवान महावीर ने अहिंसा को अमूल्यवान घोषित किया। उन्होंने इसके आधार पर एक से दूसरे प्राणी के मध्य की समानता को श्रेष्ठतम ढंग से स्थापित किया। इससे बढ़कर दूसरा कोई सिद्धान्त समन्वय की स्थापना नहीं कर सकता और मानवता के कल्याण का आधार नहीं हो सकता है।"

निकटता और परस्पर सहयोग बढ़े तथा सहमति व्यवहारों का केन्द्र हो, यह उनकी हार्दिक इच्छा थी। इस इच्छा में उच्चतम मानवीयता का भाव छिपा है और यह कल्याणकारी है।

(ज)

शान्ति की शर्त

"हम देश में शान्ति चाहते हैं, हम चारों ओर शान्ति की स्थापना का विचार रखते हैं। क्यों? इसलिए, क्योंकि शान्ति के वातावरण में ही तीव्र गति से विकास सम्भव है। लेकिन शान्ति का वातावरण निर्मित करना है, तो जो हमारी कमजोरियाँ हैं,[1] तथा जो हमारी कमियाँ हैं,[2] और जिन्होंने हमारे समाज पर बुरा प्रभाव डाला है, उनकी ओर हमें ध्यान देना ही होगा। हमें उन कमजोरियों और कमियों को समाप्त करना ही पड़ेगा।"

शान्ति की स्थापना की दिशा में आगे आने का प्रत्येक देशवासी का आह्वान करते हुए राजीव गाँधी ने दृढ़ता से यह कहा था। इसी कड़ी में आगे उन्होंने यह भी कहा था कि समाज जितना तनावमुक्त रहेगा, वह उतना ही शान्तिमय होगा और विकास की ओर अग्रसर भी होगा। सीधी-सी और सर्वमान्य बात है कि जब तनाव की स्थिति उभार पर होती है, उस समय ध्यान बँटता है और सामाजिक प्रगति की गति धीमी हो जाती है, अथवा वह पूर्णतः रुक जाती है। प्रगति रुके तो समाज की छोटी इकाई,

परिवार, सर्वाधिक प्रभावित होती है और उसमें भी महिला वर्ग जो परिवार की रीढ़ की हड्डी है, की दशा अत्यधिक गम्भीर हो जाती है। ऐसे में

"निःसन्देह हमारे समक्ष ऐसी कई गम्भीर समस्याएँ हैं, जो हमारे दैनिक कार्य-कलापों को प्रभावित करती हैं और उनका निदान हमारी प्राथमिकता होना चाहिए। बिना ऐसा किए हम शान्ति की स्थापना नहीं कर सकते और विकास के मार्ग पर आशा के अनुरूप आगे नहीं बढ़ सकते हैं।"

शान्ति की कल्पना तक नहीं की जा सकती है। इसीलिए राजीव गाँधी महिला वर्ग को शान्ति-स्थापना और प्रगति के मार्ग में पूर्ण सहभागी मानते हैं; इसी के साथ-साथ वे सामाजिक कमजोरियों, कमियों व बुराइयों की समाप्ति के लिए भी महिलाओं की सहभागिता को महत्त्वपूर्ण तथा अवश्यम्भावी मानते हैं। बिना महिला वर्ग के सहयोग के स्वस्थ समाज और प्रगतिमय राष्ट्र की बात कोरी कल्पना होगी, ऐसा भी कह सकते हैं। विशेषकर भारत जैसे देश में, जहाँ परिवार सबसे मजबूत संस्था है और महिलाएँ परिवारों की कर्णधार हैं, यही सत्यता है; और इसलिए राजीव गाँधी की बात में पूर्णतः वास्तविकता है। उनकी इस बात में भी वास्तविकता है, जिसमें वे कहते हैं:

"हमें परिवार से बल प्राप्त होता है; हमारे निजी और राष्ट्रीय चरित्र का निर्माण परिवार के माध्यम से होता है। हमारे देश की आध्यात्मिकता, जो आन्तरिक शक्ति का स्रोत भी है, की उत्पत्ति परिवार से होती है। इस सत्यता को महसूस करते ही हमें महिलाओं, जो परिवारों के अस्तित्व, उनके विकास और उनकी सुव्यवस्था जैसे कार्यों को अन्जाम देती हैं, का स्मरण होता है। वे परिवारों को शान्ति देती हैं; समाज व राष्ट्र के वातावरण को भी,

इस प्रकार, शान्तिमय बनाती हैं तथा प्रगति की राह स्पष्ट करती हैं। मैं, इसीलिए, महिला वर्ग को शान्ति स्थापना के कार्य में अग्रणी मानता हूँ और यह मानकर चलता हूँ कि यदि समाज व देश में शान्ति का वातावरण बनाना हो, तो शर्त यह है कि उसमें महिलाओं की अनिवार्य रूप से भागीदारी हो।

कोई भी शान्ति-आन्दोलन, शान्ति-अवस्था, जो शान्ति और विकास का सबसे सुदृढ़ स्तम्भ है तथा भारत जैसे देश का लगभग प्रत्येक व्यक्ति जिसकी परिधि में है, महिलाओं के बिना संभव नहीं।"

राजीव गाँधी बात को यहीं विश्राम नहीं देते। वे उस भारत, जो शान्ति स्थापना के किसी भी आन्दोलन में सदा आगे रहा तथा जो संयुक्त राष्ट्रसंघ और उन सभी अन्तर्राष्ट्रीय संस्थाओं, जो शान्ति स्थापित करने और समानता की दिशा में कार्य हेतु स्थापित की गयीं, में सक्रिय रहा, के शिथिल पड़ जाने से चिन्तित होते हैं और बहुत ही श्रेष्ठ और वास्तविक शब्दों को प्रयुक्त करते हुए कहते हैं:

"अन्दर की ओर देखो! शान्ति नहीं है। शान्ति स्थापित हो, इस हेतु सक्रिय आन्दोलन छेड़ो। पहले देश में शान्ति स्थापित करो और प्रगति की राह पर बढ़ो, बढ़ते चलो और दुनिया को अपनी स्नेहिल बाँहों में भर लो।"

यह है राजीव गाँधी की दृष्टि और उसका विस्तीर्ण; सम्पूर्ण मानवता उसकी परिधि में है, सर्वकल्याण उसका सपना है और सर्वसुख उसकी कल्पना है।

❖❖❖

1. जैसे कि गरीबी और अशिक्षा।

2. जैसे कृत्रिम सामाजिक विभाजन, ऊँच-नीच का भेदभाव और सामूहिकता का अभाव।

(झ)

संयुक्त राष्ट्रसंघः वास्तविकता और अपेक्षा

द्वितीय विश्व युद्ध में हुए हिंसा के नंगे नाच के उपरान्त जब संयुक्त राष्ट्रसंघ की स्थापना का प्रस्ताव दुनिया के समक्ष आया, तो उसने सहज ही उस अटल सत्य की पुष्टि कर दी, जिसमें सदियों से मनुष्य को अन्ततः पश्चाताप के बाद सहयोग तथा शान्ति की चाह होती है। संयुक्त राष्ट्रसंघ अस्तित्व में आया और इसकी स्थापना में प्रमुख भूमिका का निर्वाह करने वाले राष्ट्रों, आवश्यक नहीं कि उनके नामों का यहाँ उल्लेख किया जाए, और साथ ही कुछेक दूसरे शक्तिशाली देशों का उसी समय से इस पर दबदबा रहा है। कई बार इसी कारण इस संघ के निर्णय प्रभावित हुए, निर्णयों की निष्पक्षता पर प्रश्नचिह्न लगे और यहाँ तक भी स्थिति बनी कि अपेक्षित निर्णय लिए ही नहीं जा सके। "संयुक्त राष्ट्रसंघ का घोषणापत्र," स्वयं राजीव गाँधी के शब्दों में, "एक सुन्दर, श्रेष्ठ और नई विश्व-व्यवस्था का आधार प्रदान करता है।" और इसमें कोई सन्देह नहीं कि जिन मूल सिद्धान्तों को केन्द्र में रखकर इसको स्थापित किया गया, उनमें कोई

परिवर्तन नहीं हुआ है, लेकिन मुख्य रूप से चिन्ता की बात अब इसकी स्थापना के साठ वर्ष व्यतीत हो जाने के बाद भी यदि है तो वही कुछ देशों के दबदबे की है; प्राप्त विशेषाधिकारों के बल पर इसे प्रभावित करने की है, मनमानापन प्रकट करने की है।

लेकिन इस सबके बाद भी संयुक्त राष्ट्रसंघ की न तो महत्ता कम होती है और न ही भूमिका; और जैसा कि सुचारु विश्व-व्यवस्था के प्रबल

समर्थक राजीव गाँधी की स्वीकारोक्ति थी, "अपने मूल सिद्धान्त के अनुरूप शान्तिपूर्ण सहअस्तित्व, पूरे संसार में लोकतन्त्र और शान्ति तथा विकास के मार्ग को प्रशस्त करने में संयुक्त राष्ट्रसंघ का कोई विकल्प नहीं है; आवश्यकता, तो भी, इस सम्बन्ध में यह है कि सदस्य देश उन कुछ मुद्दों पर तो कम-से-कम एकमत रहें, जो सभी के हितों को, न्यूनाधिक, प्रभावित करने वाले हैं।"

यही नहीं, अपने विचारों में स्पष्ट राजीव गाँधी का कहना था कि विभिन्नता अस्तित्व में रही है, है और रहेगी। सभी पूर्णतः एकमत हो जाएँ, ऐसा संभव नहीं हो सकता है। विभिन्नता के कारण ही मतभेद और संघर्ष उत्पन्न होते हैं। यह प्रक्रिया अति प्राचीनकाल से चली आ रही है, और अन्तहीन है। "श्रेष्ठ बात यह होगी कि विभिन्नता को स्वीकार किया जाए और ऐसा कर लेने के बाद ही संयुक्त राष्ट्रसंघ के माध्यम से समस्याओं व विवादों के अन्त हेतु सुदृढ़ प्रयास किए जाएँ।" बात साधारण-सी जान पड़ती है, लेकिन यह न केवल महत्त्वपूर्ण है, अपितु इसमें व्यापकता है। यह सत्यमयी है।

"संयुक्त राष्ट्रसंघ की स्थापना के मूल में रही भावना, इसका स्वरूप, उद्देश्य और घोषणा-पत्र, निःसन्देह रूप से श्रेष्ठ है; लेकिन व्यवहार में इसकी गतिविधियाँ जब कुछ शक्तिशाली राष्ट्रों द्वारा प्रभावित होती है, उससे न केवल चिन्ता उत्पन्न होती है, अपितु इसके प्रति सन्देह भी पैदा होता है।"

विभिन्नता की वास्तविकता को जाने-अनजाने में स्वीकार न करने का ही परिणाम है कि कई गम्भीर अन्तर्राष्ट्रीय समस्याएँ सैकड़ों वर्षों से विवादों में हैं; वे कई बार या दूसरे शब्दों में बारम्बार संघर्षों व युद्धों का कारण बनी हैं। इसलिए "संयुक्त राष्ट्रसंघ यदि विभिन्नता की वास्तविकता की स्वीकारोक्ति के लिए विश्व-जनमत को तैयार करे और उसके चलते ही, भयरहित, विवादरहित और संघर्षरहित शान्तिमय विश्व के लिए कार्य करे, तो उससे श्रेष्ठ बात क्या होगी? और यह संयुक्त राष्ट्रसंघ से प्रत्येक

धरावासी की अपेक्षा भी हो सकती है।" राजीव गाँधी स्वयं ऐसी अपेक्षा इस सर्वोच्च विश्व-संगठन से करते थे।

राजीव गाँधी के समय में संसार के दोनों खेमें-अमेरिका के नेतृत्व वाला पश्चिमी खेमा और सोवियत संघ के नेतृत्व वाला साम्यवादी खेमा-अस्तित्व में थे। निःसन्देह दोनों ही खेमों ने संयुक्त राष्ट्रसंघ पर, अपने को प्राप्त विशेषाधिकारों के बल पर, दबाव बनाया था। लेकिन दोनों खेमों के पास कुल मिलाकर विश्व की एक तिहाई जनसंख्या ही थी। शेष दो तिहाई विश्व गुटनिर्पेक्ष था और इस प्रकार वह प्रचण्ड विश्व बहुमत का प्रतिनिधित्व करता था। राजीव गाँधी ने इस विश्व को झक्झोरा था और कहा था, "आपके पास आर्थिक सम्पन्नता की कमी हो सकती है, आप सैन्य बल में दुर्बल हो सकते हैं, लेकिन संयुक्त राष्ट्रसंघ के वास्तविक प्रहरी आप ही हैं। संयुक्त राष्ट्रसंघ का चरित्र ही किसी पक्ष की ओर न झुककर समान रूप में दुनिया के हर नागरिक की समृद्धि, प्रगति और सुरक्षा के लिए काम करना है; प्रत्येक को सम्मानीय जीवन के मार्ग पर ले जाना है। इसलिए आपका उत्तरदायित्व किसी भी रूप में, किसी भी परिस्थिति में और किसी भी दशा में इसके प्रति कम नहीं हो जाता। वास्तव में तो आपका उत्तरदायित्व दूसरों से अधिक है; और संयुक्त राष्ट्रसंघ की अपेक्षा को पूरा करने वाले आप हैं।"

निःसन्देह जो देश किसी गुट विशेष में संलग्नता न रखकर, समान भाव रखते हुए और निर्पेक्ष होकर संयुक्त राष्ट्रसंघ में जाते हैं, वे ही उसके सिद्धान्तों पर खरे उतरते हैं तथा उसको बल प्रदान करते हैं। यद्यपि आज सोवियत खेमा तो नहीं है, लेकिन वह होता तो भी जिस तरह तृतीय विश्व

के कई राष्ट्र राजनीतिक, आर्थिक और दूसरे क्षेत्रों में समृद्ध होकर आगे आए और संयुक्त राष्ट्रसंघ में अग्रणी बने, उस स्थिति में कोई अन्तर नहीं होता। आज तो ऐसे कई देश हैं जो संयुक्त राष्ट्रसंघ के सिद्धान्तों को व्यावहारिक बनाने में अग्रणी हैं; स्वयं भारत इनमें प्रमुख है और स्व० राजीव गाँधी की अपेक्षा के अनुरूप इस दिशा में महत्त्वपूर्ण भूमिका का निर्वाह कर रहा है। इस दिशा में और आगे जाने की आवश्यकता है, न केवल भारत को ही, अपितु दूसरे देशों को भी, ताकि संयुक्त राष्ट्रसंघ अपेक्षाओं पर खरा उतर सके, अपने महान मानवीय उद्देश्यों को प्राप्त करने में सफल हो सके।

❖❖❖

8

विविध

(क)

उन्नति की वास्तविकता

विकास की कसौटी क्या अर्थिक क्षेत्र में ही उन्नति है, क्या विज्ञान और तकनीकी क्षेत्र में प्रगति और औद्योगीकरण ही उत्थान का आधार है, राजीव गाँधी का इस सम्बन्ध में कहना था :

"मैं जब उन्नति की बात करता हूँ तो इसका अर्थ मात्र आर्थिक प्रगति नहीं है। यह तो इसकी बहुत ही साधारण-सी व घिसी-पिटी अवधारणा है। उन्नति का दायरा इससे कहीं बड़ा होता है। दुनिया में कई देश ऐसे हैं जो खनिज-सम्पदा से सम्पन्न हैं। वे देश इसलिए अमीर माने जाते हैं। उन देशों के नागरिकों का जीवन-स्तर ऊँचा भी हो सकता है। लेकिन वहाँ जनतंत्र नहीं है। इसलिए वे देश उन्नत नहीं माने जा सकते हैं। बात साफ है। ऐसे देशों के लोग वैचारिक स्वतंत्रता सहित कई अन्य स्वाधीनताओं, जो स्वाभाविक है और जिनका उन्हें समान रूप से अधिकार है, से वंचित हैं। अत: वे उन्नत देशों के नागरिक नहीं माने जा सकते हैं। विपरीत इसके जहाँ लोकतंत्र है, जैसा कि हमारे देश में अथवा उन अन्य देशों में, जहाँ निर्वाचित सरकारें हैं और जिन्होंने जनतांत्रिक संस्थाओं को स्थापित करके उन्हें सुदृढ़

बनाया है, वहाँ के लोग अधिकार सम्पन्न हैं। वे वैचारिक तथा दूसरे क्षेत्रों में उन्नति का स्वयं आधार हैं, इसलिए वे उन्नत की श्रेणी में आते हैं। वे लोग अपना निर्माण स्वयं करते हैं और दूसरों की भी इस काम में सहायता करते

हैं; और ऐसा ही उनसे आपेक्षित भी है, क्योंकि यह उनकी उन्नति की एक कसौटी है।"

इस प्रकार प्रजातंत्र के माध्यम से राजनीतिक विकास को उन्नति से जोड़ते हुए राजीव गाँधी एक ओर स्वयं देशवासियों को यह सन्देश देना चाहते हैं कि वे कभी भी लोकतंत्र को कमजोर न होने दें तथा इसकी शक्ति

"हमें बड़े पैमाने पर उत्पादन की बात करनी चाहिए। वर्तमान में हम जो व्यय करते हैं और परिणामस्वरूप जो उत्पादन होता है, वह कदाचित् पूरे संसार में सबसे कम है और ऐसा विकसित राष्ट्रों की तुलना में ही नहीं, अपितु विकासशील देशों की तुलना में भी है।"

को आगे बढ़ाते रहें, इसकी मूल संस्थाओं को मजबूती देते रहें। वे दूसरी ओर उन राष्ट्रों पर कटाक्ष करते हैं, जो सम्पन्नता का दावा करते हैं, लेकिन उनके नागरिक राजनीतिक अधिकारों से वंचित हैं और स्वतंत्रता का

रसास्वादन नहीं कर सकते। राजीव गाँधी इसके बाद और आगे बढ़ते हैं और पारस्परिकता के विकास का आह्वान करते हैं। संघर्ष, मन-मुटाव और इसी

"हमारी सबसे बड़ी पूँजी वह व्यवस्था है, जिसे हमारे पूर्वजों ने हमें प्रदान किया। वह व्यवस्था व्यवस्थित है और हमारी प्राचीन मान्यताओं एवं संस्कृति के बल पर हजारों वर्ष से फलती-फूलती रही है। इसी को अपने स्वाधीनता संग्राम में आदर्श के रूप में हमने अपनाया और यही नए भारत के निर्माण का आधार हो सकती है।"

तरह की दूसरी प्रवृत्तियों को अपरिहार्य मानते हुए वे इनके समाधानार्थ पारस्परिकता को आधार बनाने को कहते हैं तथा इस कार्य को भी उन्नति का परीक्षण मानते हैं। उन्हीं के शब्दों में:

"व्यक्तिगत, संस्थागत और इसके ऊपर के स्तर पर भी संघर्ष होते हैं। हमारे अपने देश में इस तरह के अनुभव आम हैं। लेकिन इनका अन्त हम पारस्परिक समझ से करें, सामूहिक प्रयासों से करें, तो वही हमारी उन्नति को दर्शाने का कार्य हो सकता है। इसके विपरीत क्या हम उन्नत माने जाएँगे? क्या हम अपने को विकास के मार्ग पर आगे ले जाने योग्य रहेंगे?"

वे यहीं विश्राम नहीं करते। सामाजिक न्याय को उन्नति का मजबूत आधार घोषित करते हैं तथा कहते हैं:

"हम प्रजातंत्र की बात करते हैं, हम राजनीतिक संस्थाओं की उन्नति का दम भरते हैं, आर्थिक उन्नति के बारे में बोलते हैं, लेकिन हमें यह याद रखना चाहिए कि जब तक सभी लोग सामाजिक-न्याय की परिधि में नहीं आ जाते हैं, जब तक सबको समान रूप से यह प्राप्त नहीं हो जाता है, तब

तक हम वास्तविक उन्नति की बात करें, तो वह अधूरी ही रहेगी। विशेष रूप से भारत जैसा देश बिना सामाजिक-न्याय के उन्नत नहीं कहला सकता। यही वह बात है, जो हमारे जीवन को सरल व सम्पन्न बना सकती है।"

प्रत्येक देशवासी, यहाँ तक कि दूसरे देशों के लोग भी, राजीव गाँधी की उन्नति की अवधारणा और इसकी कसौटी को नहीं नकार सकते।

> **"देश तभी शक्तिशाली बनता है जब इसके समस्त भाग मजबूत हों। लेकिन सबसे महत्त्वपूर्ण बात है कि हमारे पास खाने के लिए पर्याप्त सामग्री हो; सभी भर भेट खाएँ, अन्यथा हमारी स्वाधीनता की सुरक्षा पर भी प्रश्नचिह्न होगा।"**

इसलिए उनके विचार न केवल ग्राह्य हैं, अपितु पूर्णत: व्यावहारिकता में लाए जाने का आह्वान करते हैं।

❖❖❖

(ख)

आत्मनिर्भरता एकमात्र रास्ता

"भारत जैसे विशाल देश के लिए आत्मनिर्भरता के अतिरिक्त और कौन-सा श्रेष्ठ मार्ग हो सकता है? हमारी जो स्थिति है, उसमें लेटिन अमेरीकी देशों की भाँति हम केवल ऋणों के फन्दे में जकड़े नहीं रह सकते हैं; यदि ऐसा होता है, तो इतनी बड़ी जनसंख्या वाले देश की ऐसी स्थिति में पूरे विश्व की अर्थव्यवस्था का क्या होगा? यह गम्भीरता से सोचने का विषय है। हमारे पास संसाधन हैं; हमारे पास बुद्धि है तथा मानव-शक्ति भी है। फिर सोचना क्या है? क्या आत्मनिर्भरता के लिए ये तत्त्व पर्याप्त नहीं हैं? फिर हमारा देश इच्छा-शक्ति वाला है; भविष्य के लिए भी विचार करके कदम उठाने में हम सक्षम हैं। हम क्यों दूसरों पर निर्भर रहें तथा अपने बलबूते पर ही आगे बढ़ते हुए शक्तिशाली भारत का निर्माण क्यों न करें?"

राजीव गाँधी की देशवासियों को यह थी ललकार, और इसी के साथ-साथ प्यार भरी चेतावनी, जिसमें वे कहते हैं:

"हमारा स्वरूप इतना बड़ा है, हमारी विरासत इतनी महान है और हमारी सोच का स्तर इतना ऊँचा है कि हम न तो किसी के आश्रय को स्वीकार कर सकते हैं तथा न ही दुनिया में कोई ऐसा है, जो हमें अब पराधीन बना सकता है। हमारे आत्मनिर्भर होने का यही प्रमुख तर्क भी हो सकता है। लेकिन सावधानीपूर्वक और आगे बढ़ते हुए अपनी शक्ति के संरक्षण और उत्पादन की वृद्धि की डगर को हमें नहीं छोड़ना चाहिए।"

देश के प्रत्येक जन, आम या खास, का राजीव गाँधी आत्मनिर्भरता के लिए सहयोग सुनिश्चित करना चाहते थे। इसीलिए उन्होंने देशवासियों को ललकारा और चेताया भी। विशेष रूप से विश्व के बदलते आर्थिक,

"हमारी राष्ट्रीय अर्थव्यवस्था सुदृढ़ है। आत्मनिर्भरता हमारी मूल मान्यता है। इस सम्बन्ध में अपनी नीतियों के निर्धारण के समय हम किसी भी दबाव को स्वीकार नहीं कर सकते हैं।"

बौद्धिक और सांस्कृतिक परिवेश में उनकी चेतावनी और ललकार का पूरा-पूरा महत्त्व रहा; और वह महत्त्व आज भी है। देशकाल की

परिस्थितियों में वह आगे भी बना रहने वाला है। विश्व स्तर पर होने वाले आर्थिक परिवर्तनों, बौद्धिक विकास और सांस्कृतिक समन्वय व सामंजस्य से भारत अछूता नहीं रह सकता। भारत ही नहीं, विश्व का कोई भी देश या क्षेत्र परिवर्तन, विकास और सामंजस्य से अलग नहीं हो सकता है। फिर संसाधनों से भरपूर और तमाम अनुकूल परिस्थितियों से युक्त भारत में तो वैश्वीकरण का प्रभाव अनेक दूसरों से कहीं अधिक होने की संभावनाएँ रही हैं। किसी-किसी क्षेत्र में तो ऐसा हुआ भी है। लेकिन इस सबके बावजूद सावधानी की जो बात राजीव गाँधी ने की, वह हमारे भूतकाल के अनुभवों के परिप्रेक्ष्य में पूर्णतः उचित तथा तर्कसंगत है।

राजीव गाँधी भली-भाँति जानते थे कि भारत में विदेशियों की रुचि मुख्यतः आर्थिक क्षेत्र के हितों को लेकर है। उन्हीं के प्रधानमंत्रित्वकाल में हजारों विदेशी निवेशकों ने समझौते किए। जो अपने देश या क्षेत्र को छोड़कर दूसरे देश या क्षेत्र में व्यापार करने जाता है, उसके पीछे उसका क्या उद्‌देश्य रहता है? शायद सभी इसे जानते हैं। राजीव तो कुशाग्र-बुद्धि वाले थे, इसीलिए उन्होंने कहा था:

"विदेशी सहभागिता या सहयोग हमारी अपनी आत्मनिर्भरता की कीमत पर नहीं होना चाहिए। विदेशी निवेश करें, इस हेतु उनके साथ आवश्यकतानुसार उदारता बरती जा सकती है, लेकिन हमारी व्यवस्था हमारे हाथों में रहनी चाहिए। हमारी प्राथमिकता स्वयं की आत्मनिर्भरता में ही बनी रहनी चाहिए।"

राजीव गाँधी के सन्देश के अनुरूप हम सभी को पर्याप्त सावधानी बरतनी होगी और अपनी आत्मनिर्भरता का जुआ अपने ही कन्धों पर रखते हुए चलना होगा। दूसरों के साथ सहभागिता और सहयोग के नाम पर हम उनके आश्रित न हों और कहीं भी ढील न बरतें, यह हमारा कर्तव्य है और उत्तरदायित्व भी है। साथ ही राजीव गाँधी की अपेक्षा भी यही है।

❖❖❖

(ग)

एकता और विकास

एक समय था जब देश में एक सुई का भी निर्माण नहीं होता था; दैनिक उपभोग की वस्तुओं का आयात किया जाता था। लेकिन देश स्वाधीन हुआ और एक-एक करके सभी वस्तुओं को घर में ही बनाया जाने लगा। भारत आत्मनिर्भरता की ओर बढ़ चला। मात्र 25-30 वर्ष की अवधि के भीतर छोटी-बड़ी, लगभग सभी वस्तुएँ स्वदेशी हो गयीं। यह बड़ी उपलब्धि थी और इसे प्राप्त करने में किसानों और श्रमिकों ने एकताबद्ध होकर जिस तरह से काम किया वह सदा अनुकरणीय रहेगा। उद्योगों को गति देने और सीधे उत्पादन करने में इन दो वर्गों ने साहस का परिचय दिया, विकास को आयाम दिया तथा भविष्य के लिए वह मार्ग दिखाया जो हमारे लिए वरदान है, व रहेगा। ऐसा इसलिए क्योंकि एकता के साथ विकास का कोई विकल्प नहीं है। यदि हमें विकास की गति को जारी रखना है, जो हमारे लिए नितान्त आवश्यक है, तो हमें इसी मार्ग का अनुसरण करना होगा। राजीव गाँधी ने इसी मार्ग को सही घोषित करते हुए देशवासियों का आह्वान किया था:

"भारत पार उतरने के लिए तैयार खड़ा है। यदि हम सही मार्ग पकड़ते हैं, तो हम पार हो जाएँगे; संसार के बड़े-से-बड़े देश का मुकाबला कर सकेंगे। लेकिन हमने यदि गलत रास्ता चुना तो हम अधर में लटक जाएँगे और पीछे रह जाएँगे। सही मार्ग कौन-सा है? हमें सुनिश्चित करना है कि हम एकताबद्ध होकर अपनी सारी शक्ति को भारत को आगे ले जाने में

लगा दें; विकास के लिए उसे झोंक दें। एक होकर विकास का मार्ग पकड़ना सबसे उत्तम है। हमें यही करना होगा और आगे बढ़ते हुए सुनिश्चित करना होगा कि हमारी उत्पादन क्षमता और बढ़े। विकास तभी स्थापित होता व बढ़ता है जब उत्पादन में वृद्धि होती है। लेकिन उत्पादन-वृद्धि न होने की दशा में विकास नहीं होता है। आइए! मिलकर उत्पादन बढ़ाएँ, विकास के मार्ग पर आएँ, और आगे बढ़ें।"

स्वाधीनता के बाद की एक चौथाई शताब्दी में भारत में औद्योगीकरण और विकास ने नई ऊँचाइयों को छुआ। श्रमिकों की सेना खड़ी हुई और उसे प्रशिक्षित मनुष्य-शक्ति का रूप दिया गया। किसानों ने दिन-रात एक करके उद्योगों के लिए सामग्री दी और उन्हें दूसरों की ओर मुँह ताकने का अवसर नहीं दिया। राजीव गाँधी इससे इतने प्रभावित थे कि उन्होंने घोषणा कर दी:

"हमें इस सेना को आगे बढ़ाना है, तेजी से कदम उठाते हुए आगे

बढ़ना है और इस हेतु ऊपरी स्तर से जो भी करना अपेक्षित होगा, वह किया जाएगा।"

इस सन्दर्भ में राजीव गाँधी ने विशेष रूप से कहा, "विकास की प्रक्रिया में जुटे श्रमिकों का भी विकास हो, उनकी समुचित शिक्षा की

"हमारे प्रयास सामूहिक होने चाहिएँ। लोगों को विभिन्न रूपों में प्रशिक्षित किया जाना चाहिए ताकि वे भारत की एकता तथा अखण्डता को बनाए रख सकें और उन्नति के लिए अपना-अपना योगदान कर सकें।"

व्यवस्था हो तथा उन्हें उनके अधिकार मिलें, यह सुनिश्चित करना होगा। ऐसा करने से ही वे एकता की परिधि में आ सकेंगे; वे अपने अधिकारों की माँग करते हुए राष्ट्र के प्रति कर्तव्यों का निर्वहन कर सकेंगे और अन्यों के साथ मिलकर, एकताबद्ध होकर देश के निर्माणार्थ अपना योगदान कर सकेंगे।"

देश के विकास की प्रक्रिया निरन्तर बनी रहे, इस हेतु आवश्यक होता है कि देशवासी जब मिलकर कार्य करें, तो उनके मस्तिष्क में केवल

"हम उस श्रेष्ठ यांत्रिकी का विचार कर रहे हैं, जो हमारे श्रमिकों के जीवन और कार्य में बेहतर सुधार ला सके; जो कदाचित् उत्पादन दो-गुना या तीन-गुना कर सके, लेकिन उत्पादन में आने वाले खर्च को कम कर सके। हम किसी भी उत्पादन में श्रमिकों व प्रबन्धन की एक जुटता और उनके महत्त्व के बारे में सोच रहे हैं। यह विचार वास्तविकता में तभी परिवर्तित हो सकेगा जब श्रमिकों को ठीक ढंग से कार्य करने हेतु तकनीकी उपलब्ध होगी।"

वर्तमान ही नहीं, भविष्य भी उपस्थित रहना चाहिए। यह बात वास्तविक है और दूरदर्शिता से पूर्ण भी। राजीव गाँधी इससे कैसे अछूते रह सकते थे? उन्होंने कहा था:

"हम आज का ही सोचेंगे तो हमारी भावी पीढ़ी आगे कैसे बढ़ेगी? उन्हें बल कैसे मिलेगा? आप अपना जीवन सम्पन्न करें, विकास के लिए आगे बढ़ें, लेकिन भविष्य के प्रति भी सजग रहें। विकास की नींव मजबूत करेंगे तो उस पर हमारी सन्तानें अच्छा निर्माण कर सकेंगी, एकताबद्ध होकर विकास की गति को तीव्रता से आगे बढ़ाएँगी।"

वास्तव में राजीव गाँधी दूरदर्शी थे और उनके विचारों में स्थायित्व था।

"हमारे महान स्वाधीनता सेनानियों ने स्वराज्य के लिए संघर्ष के अतिरिक्त अपने देश के पुनर्निर्माणार्थ भी गहन चिन्तन किया; और स्वतन्त्रता के उपरान्त इस कार्य हेतु अपनी ऊर्जा लगायी।"

एकता के साथ विकास का उनका आह्वान ग्राह्य है और हमारा मार्गदर्शन करने वाला भी है।

❖❖❖

1. विशेषकर किसानों और उद्योगपतियों।

(घ)

नेतृत्व का उत्तरदायित्व

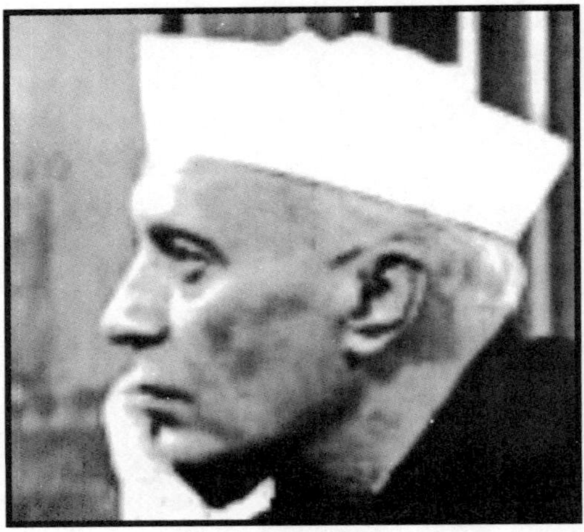

"हम दीन थे; हमारी प्रगति बाधित थी और हमें निष्क्रिय बना दिया गया था। स्वाधीनता के वर्ष, 1947 ईस्वी, से पिछले एक सौ वर्षों तक हमारी प्रगति मात्र एक प्रतिशत प्रतिवर्ष ही हुई। यही कारण था कि जब हम स्वाधीनता के द्वार पर पहुँचे, तो हममें से दो तिहाई लोग गरीबी-रेखा से नीचे थे। उपनिवेशवादी शासन के अन्तर्गत हमारा सामाजिक ढाँचा और मानसिक दृष्टिकोण-दोनों-दयनीय स्थिति में थे। लेकिन अब एक प्रतिशत के स्थान पर हमारी वार्षिक विकासदर पाँच प्रतिशत है; दो तिहाई के स्थान पर अब लगभग एक तिहाई लोग ही गरीबी रेखा से नीचे हैं। हम सम्मानपूर्वक अच्छा खाते हैं। हम

अधिक जीते हैं। हमारा अच्छा औद्योगिक उत्पादन है और हम बेहतर रूप से शिक्षित हैं...", राजीव गाँधी का यह था दृढ़तामय और बेबाक उत्तर उस अमेरिकी संवाददाता को, जिसने कदाचित् उनसे कटाक्षमयी मुद्रा में पूछा था, "आप कहाँ हैं और कहाँ जाने का विचार रखते हैं?"

राजीव गाँधी आधुनिक भारत के निर्माता पण्डित जवाहरलाल नहेरू के नाती थे। वे देश की सुदृढ़ता और प्रगति को समर्पित श्रीमती इन्दिरा गाँधी के सुपुत्र थे। इसलिए देश की जनता की क्षमता को वे भली-भाँति जानते और समझते थे तथा जनशक्ति, जनता की लगन-भावना और प्रगति की ओर उसके रुझान को पहचानते थे। यही नहीं, अपने देशवासियों की हिम्मत और दृढ़ता पर उन्हें गर्व भी था। वे

> **"भविष्य का निर्माण निरन्तर और कठिन परिश्रम से ही होगा। यदि हमारी ऐसी इच्छा हो, तो हमें योजनाबद्ध ढंग से काम करना ही होगा। साथ ही सबको साथ लेकर आगे बढ़ना होगा; और आगे बढ़ते हुए किसी अल्पकालिक समाधान से, जो हमारी सम्प्रभुता पर प्रश्नचिह्न लगाता हो, बचना होगा।"**

जानते थे कि देश में सामाजिक-राजनीतिक परिवर्तन बिना रक्त बहाए ही, जनता की प्रतिबद्धता और एकताबद्ध होकर दृढ़-निश्चयता के साथ आगे बढ़ते हुए, हुआ है। जनता की दृढ़ इच्छा-शक्ति के कारण ही दुनिया के सबसे बड़े साम्राज्यवाद को देश से पलायन करना पड़ा है; और इसी शक्ति ने आन्तरिक स्थिति को चिंतनीय बनाने वाले नटखट राजा-महाराजाओं की

सत्ता और नवाबों-जमींदारों के शोषण का जुआ उतार फेंका है। इसीलिए जब उनसे पूछा जाता था कि 'आपकी प्रगति का आधार क्या है?' तो इस

"प्रजातंत्र के सम्बन्ध में बनी अपनी धारणा के बल पर मैं कह सकता हूँ कि यही सरकार की वह श्रेणी है जो भारत की एकता को सुनिश्चित कर सकती है। हम अपने संघ की किसी भी इकाई को अलग होने की सहमति नहीं दे सकते हैं।"

पर राजीव गाँधी सदा ही जनशक्ति और उसकी दृढ़ता का हवाला देते थे। कोई लाग-लपेट उनके उत्तर में नहीं होती थी और उनके शब्द होते थे :

"हमें जनता की सकारात्मक कार्यवाहियों पर गर्व है; हमारे समाज के उस वर्ग ने, जो सुविधा के नाम पर शून्य की स्थिति में रहा है, देश की उन्नति की कामना की है और विकास के लिए अपना योगदान करने में कोई कमी शेष नहीं छोड़ी है। क्या यह कोई छोटी बात है?"

"लेकिन", राजीव ने यह भी कहा, "जनता की कामना में कोई कमी न आए; पूर्ण उत्साह और दृढ़ता के साथ आमजन उन्नति के मार्ग पर बढ़ता रहे, इस हेतु नेतृत्व का बड़ा उत्तरदायित्व है। जनता मेहनत कर सकती है। वह कोई भी बलिदान करके देश की अखण्डता और प्रगति की कामना कर सकती है। लेकिन जनता का श्रम लेशमात्र भी बेकार न जाए, उसका बलिदान निरर्थक न हो, यह सुनिश्चित करना तो नेतृत्वकर्ताओं का कार्य है।"

स्पष्ट है, राजीव गाँधी जनता के हृदय तक उतरे हुए थे और वे जानते थे कि यदि कहीं कोई कमी रहेगी, तो वह उसकी ओर से नहीं, अपितु

"भारत को मान्यता मिली है और हमने विश्व के अनेक बड़े निर्णयों में भागीदारी की है। आने वाले समय में यह क्रम जारी रहेगा; विश्व के मामलों में भारत अपनी भूमिका का निर्वाह करता रहेगा। भारत के संदेश को हम दुनिया के हर भाग तक पहुँचाते रहेंगे और सही मार्ग से विश्व को परिचित कराते रहेंगे।"

नेतृत्व की ओर से ही होगी। राजीव गाँधी की वास्तविक और सच्ची सोच नेतृत्वकर्ताओं के लिए निर्देशक तत्त्व के समान है, और कोई भी उनकी इस सोच से विमुख नहीं हो सकता है।

❖❖❖

(ङ)

प्रबन्धन का उत्तरदायित्व

" श्रमिक क्षेत्रों में चेतना का संचार परमावश्यक है; केवल श्रमिकों को काम दे देना ही पर्याप्त नहीं हो सकता। हम यह कहें कि 70 या 80 लोगों को रोजगार उपलब्ध करा दिया है और यह पर्याप्त है, तो यह हमारी वैचारिक परिपक्वता नहीं है, तथा न ही इतना कर देने से हम श्रमिक–हितैषी हो जाते हैं। हम उन्हें रोजगार दे, यह अच्छी बात है, लेकिन इसी के साथ जब उनके विकास के लिए हम कार्य करें, तभी हम श्रमिक हितैषी और अन्ततः समाज व देश के हितैषी हो सकते हैं। श्रमिक की अपनी सोच होती है। जब वह जान लेता है कि उसकी वास्तव में देखभाल हो रही है, उसके लिए कुछ किया जा रहा है, तो वह कार्य पर ध्यान देता है और समर्पण के साथ जुट जाता है। वह उत्पादनार्थ किए गए व्यय को सुगमता से, अपने श्रम के बल पर लौटता है; अपनी प्रतिबद्धता से कठिन परिश्रम करता है। इसलिए प्रबन्धकों के लिए यह नितान्त आवश्यक है

कि वे श्रमिकों के हितैषी बनें। उनकी देखभाल करें और उनका विकास भी करें।"

राजीव गाँधी के उक्त विचार बिना किसी संशय के परिपक्वता के द्योतक हैं। वस्तुस्थिति को नज़रअंदाज़ न करके राजीव ने जिस तरह का परामर्श प्रबन्धकर्ताओं को दिया, वह न केवल विचारणीय ही, अपितु अमल में लाए जाने योग्य है। परिस्थितियाँ, विशेष रूप से हमारे अपने देश

की परिस्थितियाँ और कार्य पद्धति उस तथ्य और सत्य की पुष्टि करती हैं, जिसे राजीव ने प्रकट करके प्रबन्धकों का आह्वान किया। उनकी उस बात और परामर्श में पूर्णत: वास्तविकता है, जिसमें उन्होंने कहा:

"श्रमिकों के उत्थान के साथ ही एक-जुट होकर टीम के रूप में कार्य की सुनिश्चितता होनी चाहिए। प्रबन्धक भली-भाँति प्रशिक्षित हों, जैसा कि प्राय: है भी, और वे श्रेष्ठ ढंग से शिक्षित व योग्य हों, इतना ही काफी नहीं । आवश्यकता है कि यह उनका उत्तरदायित्व हो कि वे समान

रूप से उसी स्तर तक ज्ञान व बुद्धि में श्रमिकों का भी विकास करें । यही वास्तव में वह क्षेत्र है जिसमें अभी तक हम असफल रहे हैं। विशेष रूप से सार्वजनिक क्षेत्र के उद्योगों में हमारी असफलता का मुख्य कारण उस प्रतिबद्धता को श्रमिकों से न प्राप्त करना है, जिसकी आवश्यकता है; और साथ ही असफलता का एक कारण सार्वजनिक क्षेत्र के उद्योगों में लगे श्रमिकों के व्यक्तिगत विकास को उत्तरदायित्व न मानना भी है। हम श्रमिक को व्यवस्था का एक भाग मात्र मानते हैं, न कि महत्त्वपूर्ण और कारगर योगदानकर्ता। लेकिन हमें यह निश्चित रूप से मानना चाहिए कि यदि हम इन्हीं विचारों पर डटे रहते हैं, तो किसी भी दशा में उच्चतम पैमाने पर उत्पादन की आशा नहीं की जा सकती ।"

एक रूप में राजीव गाँधी ने पुनः उसी कारगर सुझाव को दोहराया जो महात्मा गाँधी ने 1917 और उसके बाद भी कई अवसरों पर श्रमिक-उत्थान और विकास के बारे में दिया था। स्वयं गाँधी जी ने, जैसा

कि सर्वविदित है, दृढ़तापूर्वक यह कहा था कि जब तक श्रमिकों के विकास को प्राथमिकता नहीं दी जाएगी, जब तक उन्हें बराबर का योगदानकर्ता नहीं माना जाएगा, उनके श्रम के मूल्य को पूँजी के समान ही नहीं समझा जाएगा, तब तक उनकी मेहनत का समुचित लाभ ले पाना संभव नहीं होगा। और जब तक श्रमिक के श्रम का समुचित लाभ नहीं

> **"सरकार भी सार्वजनिक क्षेत्र के लिए संसाधनों की पूर्ति हेतु सदा ही धनोपलब्ध नहीं करा सकती है। प्रारम्भिक समय में, जब इस सीमित क्षेत्र का विकास हो रहा था, ऐसा किया गया। लेकिन फैलते हुए इस क्षेत्र के लिए संसाधन जुटाना प्रबन्धकों का भी उत्तरदायित्व है।"**

मिलेगा, देश के उत्थान का मार्ग स्पष्ट नहीं होगा। यह बात सभी को, वे व्यक्तिगत क्षेत्र से सम्बन्धित प्रबन्धक हों या सार्वजनिक क्षेत्र से, ध्यान में रखनी चाहिए। यही नहीं, उन्हें श्रमिक उत्थान, श्रमिक कल्याण और श्रमिक विकास को अपना आवश्यक उत्तरदायित्व समझते हुए कार्य करना चाहिए। राजीव गाँधी का यही परामर्श है और यही सन्देश भी है।

❖❖❖

(च)

इक्कीसवीं शताब्दी

"जी नहीं, इक्कीसवीं शताब्दी का अर्थ केवल कम्प्यूटरीकरण ही नहीं है; हमारे लिए तो निश्चित रूप से ऐसा नहीं है," राजीव गाँधी के मुख से इन शब्दों को सुनकर सामने खड़े सज्जन अवाक् रह गए। उन्हें आशा थी कि भारत में कम्प्यूटर-क्षेत्र में क्रान्ति के जनक राजीव गाँधी कदाचित् अपने इसी कार्य को सबसे बड़ा और महत्त्वपूर्ण मानेंगे और आने वाली शताब्दी के लिए इसे महान उपलब्धि के रूप में स्वीकार करेंगे। लेकिन उन्हें पूर्णत: निराश होना पड़ा क्योंकि राजीव ने यह भी स्पष्ट किया:

"हम तकनीकी विकास के पक्षधर हैं, और जब हम इसकी बात करते हैं, तो उसमें अधिकतम को टेलीविजन और कम्प्यूटर तकनीकी का लाभ मिले, हमारी यह इच्छा रहती है। लेकिन हमारी विकसित व उच्च तकनीकी में जेनेटिक इन्जीनियरिंग, बीजों का उन्नतिकरण व उनका शुद्धिकरण, अर्थात वे रोग मुक्त हों, वे बड़ा उत्पादन करने योग्य हों, और किसानों को इस हेतु जो अन्य आवश्यकताएँ हों, उनकी पूर्ति सम्मिलित है; ट्रैक्टरों की

प्रचुर मात्रा में उपलब्धता हो, यह सुनिश्चित करना सम्मिलित है। संक्षेप में, किसानों को वह सब कुछ देना है, जिसके बल पर वे हमें श्रेष्ठतम परिणाम दे सकें।"

कितनी स्पष्टता थी राजीव गाँधी के वक्तव्य में? वे भारत की परिस्थितियों के कितने निकट थे? उक्त वक्तव्य से भली-भाँति हमें ज्ञात हो जाता है। राजीव किसी स्वप्न में ही नहीं रहे थे। वे जानते थे कि भारत में विकास का मार्ग किसानवर्ग की पूर्ण संलग्नता से खुल सकता है और बिना

किसी विकल्प के वह खेतों की पगडंडियों से होकर ही जाता है। इसलिए तकनीकी विकास तभी सार्थक माना जाएगा, जब वह पूर्णतः कृषि क्षेत्र से जुड़ जाएगा और किसानवर्ग उसकी परिधि में होगा। मात्र कम्प्यूटरीकरण भारत की उन्नति का द्योतक नहीं होगा तथा न ही इक्कीसवीं शताब्दी उसे समर्पित की जा सकती है। हाँ, वह कृषि उत्पादन और कृषि क्षेत्र में उत्थान के लिए जितना अधिक सार्थक होता है, देश के आम लोग जितने

अधिकाधिक उससे जुड़कर लाभान्वित होते हैं, वह उसके अनुरूप ही इक्कीसवीं शताब्दी में अपना स्थान निर्धारित कर सकता है।

सिंचाई के अतिरिक्त ऊर्जा, परिवहन और संचार भी पूर्णतः कृषि सहायक बनाने पर राजीव गाँधी का बल था। तकनीकी आधार पर इन सभी

क्षेत्रों में जितनी उन्नति हो, यदि उसका सबसे बड़ा हिस्सा कृषि कार्यों को समर्पित हो जाए तो वही श्रेयस्कर होगा, राजीव गाँधी इसी मत के थे। वे अपनी माता श्रीमती इन्दिरा गाँधी के नेतृत्व में हुई हरित-क्रान्ति और खाद्यान्नों के मामले में हो रही आत्मनिर्भरता से ही सन्तुष्ट नहीं थे। वे किसानों को निरन्तर आत्मनिर्भर देखने के पक्षधर थे; कृषि का आधुनिकीकरण हो, किसानों की कठिनाइयाँ कम हों, यह उनकी दृढ़-इच्छा थी। विशेष रूप से ऐसा होने से ही उत्पादन की ठोस नींव की कल्पना की जा सकती थी और ठोस नींव अन्ततः भारत की आत्मनिर्भरता का आधार बन सकती थी।

चूँकि भारत का सामाजिक ढाँचा आर्थिक क्षेत्र पर गहन प्रभाव डालता है; दूसरे शब्दों में, आर्थिक उन्नति सामाजिक व्यवस्था से जुड़ी है, और देश

की सामाजिक व्यवस्था के पोषक किसान और कृषि, ग्राम और ग्रामीण हैं; इसलिए किसी भी स्तर और क्षेत्र के विकास से इन्हें पृथक नहीं किया जा सकता है। इतना ही नहीं, अन्य किसी भी स्तर और क्षेत्र के विकास का भारतीय सामाजिक व्यवस्था से वास्तविक तालमेल बैठाने के लिए यह भी नितान्त आवश्यक है कि सामाजिक न्याय, जिसमें बराबरी सर्वोच्च स्थान

"इक्कीसवीं शताब्दी में विज्ञान का दायरा संकुचित नहीं रह सकता। वैज्ञानिक शिक्षा समाज के हर वर्ग तक पहुँचनी ही चाहिए। विज्ञान और तकनीकी जो शहरी क्षेत्रों तक सीमित है, उसे शहरी बुद्धिजीवियों के अधिकार क्षेत्र से निकालकर ग्रामों व कस्बों तक ले जाना होगा, आम व्यक्ति के साथ उसे जोड़ना होगा।"

पर हो, को सुनिश्चित किया जाए। बराबरी को केन्द्र में रखकर सामाजिक न्याय की सुनिश्चितता यदि नहीं होगी, तो उन्नति की प्रक्रिया में सबकी भागीदारी मात्र कल्पना ही रहेगी। इसीलिए राजीव गाँधी ने 'समानता और सामाजिक न्याय' की बात की और कहा, "यही इक्कीसवीं शताब्दी में हमारे उत्थान की कसौटी होगी।"

राजीव गाँधी के इस सम्बन्ध में उक्त विचारों से लेशमात्र भी असहमति व्यक्त नहीं की जा सकती; उनके विचार में वास्तविकता है, सत्यता है और पूरी-पूरी प्रासंगिकता है।

❖❖❖

(छ)

लोकतन्त्र और स्वतन्त्र प्रेस

स्वतन्त्र प्रेस लोकतन्त्र की सुदृढ़ता और प्रगति के लिए आवश्यक है; जनेच्छा और जनाभिव्यक्ति का आधार प्रेस है। इसलिए वह जनता और व्यवस्था के मध्य कड़ी का कार्य करती है। भारत जैसे विभिन्नताओं वाले देश में, जहाँ वैचारिक समन्वय की आवश्यकता है, प्रेस की भूमिका और भी अधिक बढ़ जाती है। यही कारण भी था कि राजीव गाँधी ने कहा, "इस हेतु हमारी प्रेस स्वतन्त्र होनी चाहिए; देश के निर्माणार्थ प्रेस को दिशा-निर्देश देना चाहिए।"

लेकिन प्रेस स्वतन्त्र रहकर, निर्पेक्ष बनकर और वास्तविकता पर दृढ़ होकर अपनी भूमिका का सत्यता के साथ निर्वहन करे, इसके लिए आवश्यक है, "प्रेस सचेत रहे और साथ ही अपने उत्तरदायित्व को समझे।" इतना ही नहीं, विशेष रूप से प्रेस निर्भीक रहे और "बुराइयों को उजागर करे, त्रुटियों तथा अनुचित व्यवहारों से पर्दा उठाए एवं उन निहित संकीर्ण स्वार्थों के विरुद्ध जनमत तैयार करने का कार्य करे, जो अन्ततः राष्ट्र के लिए हानिकारक हैं, तथा जो देश को दुर्बल करने वाले हैं।" राजीव गाँधी का यह विशेष आह्वान था।

निर्पेक्षता और निर्भीकता कदाचित् दो सबसे महत्त्वपूर्ण बातें हैं, जिनसे प्रेस अलग नहीं हो सकती है। निर्भीक पत्रकार ही निर्पेक्ष हो सकता है तथा

> **"स्वस्थ और स्वतन्त्र प्रेस लोकतन्त्र के लिए नितान्त आवश्यक है और साथ-ही-साथ प्रेस द्वारा बड़े मुद्दों का उठाया जाना भी आवश्यक है। प्रेस का दायरा और दृष्टिकोण व्यापक होना चाहिए न कि संकीर्ण तथा उसे राष्ट्र की उन्नति में अपने उत्तरदायित्व से कभी विमुख नहीं होना चाहिए।"**

जो निर्पेक्ष है, वही निर्भीक भी होगा। वास्तव में ये दो बातें एक-दूसरे के साथ अभिन्नतः जुड़ी हुई हैं। इसलिए जहाँ भी प्रेस की निर्भीकता में कमी दिखाई दे, वहाँ निश्चित रूप से उसके निर्पेक्ष स्वरूप पर प्रश्नचिह्न होगा तथा उसी प्रकार जहाँ प्रेस में पक्षपात दृष्टिगोचर हो, यह समझ लेना चाहिए कि वह निर्भीक नहीं है।

भारत में यद्यपि स्वतन्त्रता के बाद प्रेस ने अति महत्त्वपूर्ण भूमिका का निर्वाह किया है; अनेक ऐसे कार्य किए हैं, जो आश्चर्यचकित कर देने के

साथ ही स्वस्थ लोकतान्त्रिक परम्पराओं की नींव रखने वाले हैं, लेकिन कहीं-कहीं प्रेस निर्पेक्षता और निर्भीकता के दृष्टिकोण से शंका की परिधि में भी रही है। अभी भी ऐसा है और राजीव गाँधी इसे अत्यन्त ही हानिकारक और खतरनाक मानते रहे, और इसीलिए उनका सुझाव के रूप में विशेष आग्रह था, "प्रेस यदि मुद्दों और नीतियों को प्राथमिकता दे और राष्ट्र के विकास व निर्माण पर केन्द्रित रहे तो वह अधिकाधिक योगदान, समाज व राष्ट्र, दोनों, के लिए दे सकेगी। लेकिन वास्तविक मुद्दों की अनदेखी करके उन विषयों को प्राथमिकता देना, जो समाज और राष्ट्र को बाँटने वाले हैं, या उन्हें दुर्बल करने वाली हैं, बिडम्बना ही मानी जाएगी। यदि प्रेस इस तरह की मनोवृत्ति वाली है, तो वह स्वस्थ और उत्तरदायी नहीं हो सकती; वह निर्भीक व निर्पेक्ष नहीं कही जा सकती।"

राजीव गाँधी ने बारम्बार बल देते हुए कहा, "यदि सरकार की नीतियाँ गलत हैं अथवा सरकार अनुचित निर्णय ले, तो प्रेस आगे आए। वह गलतियों को सुधारने के लिए जन-बहस का माध्यम बने, लेकिन कट्टरतावाद, संकीर्णता अथवा विघटनकारी तत्त्वों को वह कदापि महत्त्व न दे।"

प्रेस पूर्णतः स्वतन्त्र हो, वह उत्तरदायित्व से युक्त हो तथा उसमें भरपूर निर्पेक्षता व निर्भीकता हो, लोकतन्त्र उससे यही अपेक्षा रखता है। अन्ततः प्रेस लोकतन्त्र का मजबूत स्तम्भ होता है और जनतन्त्र रूपी भवन उसके बिना कमजोर ही रहता है। इसलिए राजीव की प्रेस से अपेक्षा पूर्णतः उचित है और वह उनके दूरदर्शी व्यक्तित्व की परिचायक भी है।

❖❖❖

(ज)

स्वाधीनता के लिए लालायित सुब्रह्मण्यम भारती : एक प्रेरणा

सुब्रह्मण्यम भारती को एक महान तमिल कवि माना है। निःसन्देह वे महान कवि थे भी। लेकिन उनके काव्य में जिस दार्शनिकता, देशभक्ति, क्रान्ति और राष्ट्रीयता के दर्शन हमें होते हैं, वह अपने आपमें भारती के बहुआयामी व्यक्तित्व का परिचय है। वे बंकिमचन्द्र के 'वन्दे मातरम्' के प्रति समर्पित रहे। यद्यपि उन्होंने थोड़ा-सा सांसारिक जीवन जीया, लेकिन अपने थोड़े से परन्तु सार्थक जीवन से जो प्रेरणा भारतवासियों को उन्होंने दी, वह हजारों वर्षों तक उन्हें जीवित रखेगी और साथ ही हमारा मार्गदर्शन भी करती रहेगी।

राजीव गाँधी को उन्होंने बहुत प्रेरित किया; विशेष रूप में स्वतंत्रता के लिए उनमें जो ललक थी, वह युवा हृदय-सम्राट के मस्तिष्क में स्थायी रूप से अंकित हो गयी थी। वे भारती की उस स्वतंत्रता के अभिप्राय से तो कदाचित् अधिक ही प्रभावित थे जिसमें भारती ने कहा था, "भय मूर्खता है और निडरता बुद्धिमानी है।" राजीव, भारती को उद्धृत करते हुए कहा करते थे:

"उन्होंने कहा था गुलामी वहीं से प्रारम्भ होती है जहाँ से पराधीन विरोध करने का साहस खो देता है। भारती ने इसलिए हिन्दुस्तान की चेतना व बल को जागृत करने का कार्य किया, और वह भी किसी हथियार द्वारा नहीं, अपितु सत्यता की शक्ति पर, सच्चाई के लिए दृढ़ खड़े रहकर, बिना थके और बिना समझौता किए।"

"भारती", राजीव गाँधी आगे बढ़ते हैं, "सत्य और अहिंसा में सम्पूर्ण विश्वास रखते थे और 'विश्व-भ्रातृत्व' उनका आदर्श था। वे सर्वसमानता को मानने वाले थे तथा उनका दृढ़ विश्वास था, 'खुशी स्वाभाविक है यदि सभी मनुष्यों को एक और समान माना व स्वीकारा जाता है; यदि आसमान में उड़ते पक्षियों और धरा पर विचरण करते पशुओं से एकरूपता स्थापित

की जाती है; यदि 'स्वयं' को ही वन, वायु, जल और समुद्र माना जाता है।' भारती का इतना विस्तृत व सर्वव्यापी दृष्टिकोण मानवता की सही पहचान था।"

सुब्रह्मण्यम भारती भारत में विदेशी सत्ता के विरुद्ध थे। वे स्वराज्य चाहते थे। पराधीनता शब्द उनके कोष में नहीं था, लेकिन क्या अंग्रेजों के देश से चले जाने से ही भारत स्वाधीन हो जाएगा? क्या विदेशियों की राजनीतिक सत्ता के अन्त के साथ ही उद्देश्य की पूर्ति हो जाएगी? क्या

"सहयोग, सहमति और प्रेम हमारे व्यावहारिक आदर्श हैं। हमारे महान पूर्वजों, सुब्रह्मण्यम भारती और महात्मा गाँधी, ने इन्हीं आदर्शों के अनुरूप जीवन जीया तथा यह सिद्ध किया कि इन आदर्शों का कोई विकल्प नहीं है।"

इतने भर से देश का प्रत्येक जन राहत की साँस ले सकेगा? भारती कहते थे कि नहीं। महात्मा गाँधी के समान ही उनका दृष्टिकोण भी इस सम्बन्ध में विस्तृत और वास्तविक था। इसीलिए उन्हें उद्धृत करते हुए राजीव ने कहा:

"विदेशी सत्ता के विरुद्ध निर्देशित स्वाधीनता आन्दोलन अपने आप में पूर्ण नहीं है; इसकी पूर्णता उन प्रथागत सामाजिक असमानताओं की समाप्ति में है, जो मानसिक रूप से हमें पराधीन करती हैं।"

"यही कारण भी था," राजीव के शब्दों में, "भारती श्रम की गरिमा के लिए लड़े तथा उन्होंने महिलाओं के अधिकारों के लिए संघर्ष किया। महिलाओं के प्रति भेदभाव और प्रमुख अवसरों पर उन्हें अनदेखा किए जाने के विरुद्ध लड़ाई लड़ी। उन्होंने सर्वसमानता को स्वाधीनता की कसौटी माना और एक आत्मनिर्भर, औद्योगीकरण से भरपूर एवं समन्वयकारी भारत

का स्वप्न देखा। भारती देशी मूल्यों के प्रति समर्पित थे; स्वतंत्रता को उन्हीं मूल्यों पर स्थापित करने के वे पक्षधर थे और उनका देशवासियों का आह्वान था 'कि अपने शाश्वत मूल्यों से समझौता किए बिना विकास के मार्ग पर बढ़े चलें।' उनका विशेष आह्वान, 'हम भारतीय, जिनकी हर क्षेत्र में पूछ हो, प्रत्येक राष्ट्र की स्वतंत्रता की प्रत्याभूति में हमारी भूमिका हो और गरिमामय भविष्य में हमारी भागीदारी हो, अपने अतीत के गौरव को स्थापित करें,' हमारे लिए महान सन्देश है और वह हमारे कल्याण का मार्ग भी है।"

"हम भारतवासी," राजीव ने आगे कहा, "सुब्रह्मण्यम भारती जैसे भारतीयता के सच्चे प्रतिनिधि के आह्वान से एकाकार ग्रहण करें, उनके मार्ग का अनुसरण करें और जो कुछ उन्होंने करके दिखाया उसे अपने व्यवहारों में उतारें, यही हमारा कर्तव्य है और यही उन जैसे महान सपूत की स्मृति भी है।"

❖❖❖

(झ)

महाराजा रणजीत सिंह की विरासत

भारत साझी संस्कृति वाला देश है। समन्वय भारत की इस संस्कृति की सर्वप्रमुख विशेषता है। इसमें कट्टरतावाद, एकाकीकरण, एकपक्षीयता और कठोरता को कोई स्थान नहीं हैं। इसी अद्वितीय संस्कृति, जिसका हजारों वर्ष का गौरवपूर्ण इतिहास है, की शाश्वत मान्यताओं के अनुरूप सामान्यतः भारतीयों का स्वभाव है। जिसने भी भारतीय संस्कृति के सन्देश के साथ एकाकार किया और इसकी मुख्य विशेषता को व्यवहार में

"विकास की ओर बढ़ते हुए हम अपनी सुदृढ़ सांस्कृतिक विरासत से मुँह नहीं मोड़ सकते हैं। यदि भारत को जीवित रहना है, तो भारत की सांस्कृतिक विरासत को भी जिन्दा रहना होगा। हम ऐसे आधुनिकतावाद को आज्ञा नहीं दे सकते जो हमारी संस्कृति की जड़ें हिलाए।"

अपनाया, वह अपना अस्तित्व तो सुरक्षित रख ही सका, साथ ही उसे आम और खासजन का सहयोग मिला; उसे आशातीत सफलता प्राप्त हुई।

राजीव गाँधी भारतीय संस्कृति के अग्रदूत थे। उक्त वर्णित भारतीय संस्कृति के सन्देश और इसकी मुख्य विशेषता से कदम-कदम पर एकाकार करने वाले थे। अपने व्यक्तिगत और सार्वजनिक जीवन में भारत की साझी सांस्कृतिक विरासत को श्रेष्ठ व्यावहारिक स्वरूप प्रदान करने के साथ ही, वे उन सभी के, जिन्होंने समय-समय पर सांस्कृतिक मूल्यों के बल पर अपनी पहचान बनायी और उपलब्धियाँ प्राप्त करते हुए अनुकरणीय आदर्श भावी पीढ़ियों के लिए छोड़े, प्रशंसक थे। यही नहीं, ऐसे लोग उनकी दृष्टि में सच्चे वीर, जनाकांक्षाओं पर खरे उतरने वाले और अपने समय के वास्तविक जनप्रतिनिधि भी थे, भले ही वे किसी मतदान-प्रक्रिया से निर्वाचित न हुए थे।

यही कारण था कि राजीव गाँधी पंजाब के एक समय के शासक महाराजा रणजीत सिंह के बहुत प्रशंसक थे तथा उन्हें वे अनुकरणीय आदर्श मानते थे। वे कहा करते थे:

"वे साहसी सेनापति थे; बुद्धिमान और दूरदर्शी शासक थे। उनकी नीति धार्मिक सहिष्णुता व सहनशीलता की थी और उस नीति में हमारी संस्कृति पूर्णत: दीख पड़ती थी।"

उनकी सफलता, जो भारत के सभी लोगों के लिए सदा प्रेरणा का सन्देश देती रहेगी, राजीव गाँधी के शब्दों में:

"उन्होंने जनता का विश्वास जीता; न केवल हिन्दू और सिक्ख ही, अपितु मुसलमान भी उनके प्रति निष्ठावान बने। यही कारण भी था कि वे न केवल पंजाब ही, अपितु समस्त भारत के बन गए। ... सहनशीलता का उनका सन्देश और उस पर उनका योग्य व्यवहार, साथ ही बलिदान की उनकी भावना, हमारे लिए सदा ही अनुकरणीय रहेगी।"

पंजाब में एक दशक के लगभग अलगाववाद की स्थिति रही थी; असहिष्णुता, कट्टरता और एकाकीकरण को अस्त्र के रूप में प्रयुक्त करते

"राष्ट्रवाद या राष्ट्रीयता की अवधारणा भारत के लिए नई नहीं है। यह तो भारतीयों के हृदय में हजारों वर्ष से गहरी जड़ें जमाकर बैठी है। कोई भी इसे उनसे अलग नहीं कर सकता है। हम राजनीतिक एकता में रहे हों या विदेशी शासनाधीन, कोई भी भारतीयता की भावना को हमारे हृदयों से कम नहीं कर पाया है। हम देश की एकता व अखण्डता के प्रति दृढ़ निश्चयी होकर इस भावना को और अधिक गहरा बनाएँ।"

हुए क्षेत्र के कुछ लोगों ने संस्कृति के मूल्यों के विपरीत जाकर बरतना प्रारम्भ कर दिया था। राजीव गाँधी इसे अति दुखदायी मानते थे और अन्तत: सम्पूर्ण भारत की सांस्कृतिक विरासत, जिसे महाराजा रणजीत सिंह ने भली-भाँति सँजोए रखा था, पर कुठाराघात समझते थे। अपने हृदय का दर्द उड़ेलते हुए इसी लिए राजीव ने कहा था:

"पंजाब का दर्द भारत का दर्द है। इस दर्द को मिटाना होगा, क्योंकि भारत ने सदा ही स्वस्थ स्थिति में आगे बढ़ना सीखा है। पंजाब देश की एकता और अखण्डता की धुरी है; वह भारत की संस्कृति का अगुआ है। लेकिन आवश्यकता धर्मनिर्पेक्षता और साम्प्रदायिक सौहार्द व एकतारूपी उस समन्वय को पूर्णतः वापस लाने की है, जो हमारी सांस्कृतिक विरासत का मूल बिन्दु है; तथा जिसे महाराजा रणजीत सिंह जैसे महान लोगों ने कसकर पकड़े रखा था।"

स्वयं राजीव गाँधी पंजाब और पंजाबियत के भी कायल थे; पंजाबियों की वीरता और उनकी समन्वय-दृष्टि के वे हामी थे। पंजाब शान्ति के पथ पर अग्रसर हो, भारतीय सांस्कृतिक विरासत का ध्वज लेकर उसी तरह आगे बढ़े, जैसे महाराजा रणजीत सिंह के नेतृत्व में वह बढ़ा था, यह उनकी अभिलाषा थी। राजीव गाँधी का सार्वजनिक जीवन बहुत लम्बे काल वाला नहीं रहा था, लेकिन अपने जीवन के अन्त तक एक श्रेष्ठ सांस्कृतिक दूत के रूप में इस दिशा में उन्होंने कार्य किया। ऐसे थे हमारे युवा जननायक राजीव...।

❖❖❖

9

जीवन सम्बन्धी घटनाक्रम

वर्ष	माह	तिथि	घटना
1944	अगस्त	20	मुम्बई में जन्म; पिता: फिरोज़ गाँधी; माता: इन्दिरा गाँधी; छोटे भ्राता: संजय गाँधी।
1960	सितम्बर	08	पिता फिरोज़ गाँधी का निधन; दून स्कूल, देहरादून से सीनियर सेकन्ड्री परीक्षा उत्तीर्ण की।
1962–63			उच्च शिक्षा के लिए इंग्लैंड प्रस्थान; मैकेनिकल इंजीनियरिंग में अध्ययन हेतु केम्ब्रिज के ट्रिनिटी कॉलिज में प्रवेश लिया।
1964	मई	27	नाना पण्डित जवाहरलाल नेहरू का 74 वर्ष की आयु में निधन
1968	फरवरी	28	सोनिया माइनो (अब श्रीमती सोनिया गाँधी के नाम से सुविख्यात) के साथ विवाह; कुछ माहोपरान्त एक पायलट के रूप में इण्डियन एयरलाइन्स में सम्मिलित हुए।
1970	जून	19	सुपुत्र राहुल गाँधी का जन्म।
1972	जनवरी	12	सुपुत्री प्रियंका गाँधी का जन्म।
1980	जून	23	छोटे भ्राता संजय गाँधी की एक दुर्घटना में दिल्ली में मृत्यु।

1981	मई	11	भारतीय राष्ट्रीय काँग्रेस की प्राथमिक सदस्यता ग्रहण करने के साथ ही सार्वजनिक जीवन में पदार्पण; जून 15, उत्तर प्रदेश के अमेठी क्षेत्र से लोक सभा के लिए निर्वाचन।
1983	फरवरी	02	भारतीय राष्ट्रीय काँग्रेस के महासचिव पद पर नियुक्ति
1984	अक्टूबर	31	माता श्रीमती इन्दिरा गाँधी की मृत्यु; भारत के छठे प्रधानमंत्री के रूप में निर्वाचन; नवम्बर माह में लोकसभा भंग कराकर नए जनादेश प्राप्ति का निर्णय; अभूतपूर्व जन-समर्थन के साथ काँग्रेस की सत्ता में वापसी; दिसम्बर, 31, भारत के प्रधानमंत्री के रूप में पुनः शपथ ग्रहण।
1985	मार्च	23	हुसैनीवाला पंजाब मं सरदार भगत सिंह स्मारक की नींव रखना; जुलाई 24, सन्त हरचन्द सिंह लोगोंवाल के साथ पंजाब समस्या के समाधान के सन्दर्भ में समझौते पर हस्ताक्षर करना; अगस्त 15, असम समस्या के समाधानार्थ समझौते पर हस्ताक्षर करना; 19, दक्षिण अफ्रीक के अश्वेत नेता नेल्सन मंडेला की बिना शर्त रिहाई का अनुरोध करना; अक्टूबर 14-24, यूरोप-अमेरिका

		यात्रा, संयुक्त राष्ट्रसंघ महासभा सहित अनेक स्थानों पर सम्बोधन; नवम्बर 27, हनोई (वियतनाम) में जनसभा सम्बोधन; दिसम्बर 15, 'ब्योन्ड वार अवार्ड' से सम्मानित।
1986	मई	जाम्बिया, जिम्बाबवे, अंगोला और तंनजानिया की यात्रा; जुलाई, मारिशस की यात्रा; अगस्त 14, लन्दन में आयोजित राष्ट्रमण्डल सम्मेलन में भागीदारी, 17, शान्ति और नि:शस्त्रीकरण पर मैक्सिको में आयोजित सम्मेलन में भागीदारी; सितम्बर 1, हरारे (जाम्बिया) में 25वें गुटनिर्पेक्ष आन्दोलन के सम्मेलन में भाषण, 10, निकारागुआ के सर्वोच्च नागरिक सम्मान से सम्मानित; अक्टूबर 16, सिडनी (आस्ट्रेलिया) में आर्थिक योजना समिति में सम्बोधन, 17-19, न्यूजीलैंड व थाईलैंड की यात्रा; नवम्बर 25-27, सोवियत राष्ट्रपति मिखाइल गोरबाचेव के साथ विभिन्न अन्तर्राष्ट्रीय विषयों पर नई दल्ली में वार्ताएँ।
1987	जनवरी 17	अझीमाला में नौसेना अकादमी परिसर की आधारशिला रखना; जुलाई 3-6, सोवियत संघ व नार्वे की यात्रा, 29, श्रीलंका के साथ समझौते पर हस्ताक्षर;

अगस्त 3, गुटनिर्पेक्ष तथा विश्व-शान्ति सम्मेलन का नई दिल्ली में उद्घाटन; अक्टूबर 20, अमेरिका यात्रा के दौरान राष्ट्रपति रेगन से वार्ता; नवम्बर 2, सार्क सम्मेलन के अध्यक्ष के रूप में काठमांडू (नेपाल) में सम्बोधन; नवम्बर 20-21, सोवियत प्रधानमंत्री रिझकोव से नई दिल्ली में वार्ता, तथा व्लादिमिर लेनिन की मूर्ति का अनावरण; दिसम्बर 15, बर्मा की यात्रा।

1988 मार्च 18 — नई दिल्ली में आयोजित मुख्यमंत्रियों के सम्मेलन में खाद्यानों के उत्पादन हेतु विशेष कार्यक्रम चलाने का आह्वान; अप्रैल, जापान की यात्रा, जून 3-7, सीरिया व जर्मनी की यात्रा, 9, संयुक्त राष्ट्रसंघ महासभा में सम्बोधन, 10-11, हंगरी की यात्रा; जुलाई 13-17, युगोस्लाविया, स्पेन, टर्की आदि की यात्रा; अगस्त 14, स्वाधीनता की 40वीं जयन्ती के उपलक्ष्य में आयोजित दौड़ में भागीदारी; सितम्बर 3, महाराष्ट्र विधानसभा के स्वर्ण जयन्ती समारोह का मुम्बई में उद्घाटन; नवम्बर 24, सातवें अफ्रीकी-एशियाई एकता संगठन के सम्मेलन का नई दिल्ली में उद्घाटन; दिसम्बर 18-21,

			चीन की यात्रा, 29–31, पाकिस्तान की यात्रा।
1989	अप्रैल	14	लखनऊ में डॉ० अम्बेडकर मुक्त विश्वविद्यालय की आधारशिला रखना, 18, नई दिल्ली में भगवान महावीर वनस्थली का उद्‌घाटन; जुलाई 15–16, पाकिस्तान की यात्रा; सितम्बर 3–6, बेलग्रेड में गुटनिर्पेक्ष सम्मेलन में सम्बोधन; नवम्बर, लोकसभा के आम चुनावों में काँग्रेस की असफलता के बाद लोकसभा में विपक्ष के नेता बने।
1990			नेता विरोधी दल के रूप में कार्य।
1991	मई	21	लोकसभा के मध्यावधि चुनावों के सन्दर्भ में श्रीपेरम्बदूर (तमिलनाडु) में जनसभा में सम्बोधन के समय हुई दुर्घटना में मृत्यु, 24, अन्तिम संस्कार; जून 17, अतिविशिष्ट और स्मरणीय सेवाओं के लिए देश के सर्वोच्च नागरिक सम्मान भारतरत्न से मरणोपरान्त अलंकृत।

टूटकर भी सुमन सौरभ को अलग करता नहीं,

राष्ट्र के हित जो समर्पित, प्राण वह मरता नहीं।

देश की सेवा में सारे पुण्य सारे धर्म हैं,

देश है तो धर्म हैं, सब पुण्य हैं, सब कर्म हैं।।

– मनोज कुमार 'मनोज'